그 사람을 가졌는가

늙은전사의 노래

그 사람을 가졌는가
늙은전사의 노래

초판 1쇄 발행 2024년 8월 12일

지은이 권술용 추모 문집 발간위원회
펴낸이 장길수
펴낸곳 지식과감성#
출판등록 제2012-000081호

교정 김나현
디자인 오정은
편집 오정은
검수 정은솔, 이현
마케팅 김윤길, 정은혜

주소 서울시 금천구 벚꽃로298 대륭포스트타워6차 1212호
전화 070-4651-3730~4
팩스 070-4325-7006
이메일 ksbookup@naver.com
홈페이지 www.knsbookup.com

ISBN 979-11-392-2061-2(03810)
값 12,000원

• 이 책의 판권은 지은이에게 있습니다.
• 이 책 내용의 전부 또는 일부를 재사용하려면 반드시 지은이의 서면 동의를 받아야 합니다.
• 잘못된 책은 구입하신 곳에서 바꾸어 드립니다.

지식과감성#
홈페이지 바로가기

그 사람을 가졌는가

늙은전사의 노래

권술용 추모 문집 발간위원회

- 이 책에서는 '늙은 전사'를 고유명사 '늙은전사'로 표기하였습니다.
- 표지 사진은 『작은 것이 아름답다』 2009년 7월 호에 실린 것으로 김기돈 글모듬지기의 기증을 받았습니다.
- 시각 장애인을 위한 표지 이미지 설명: 멀리 초록색 산이 보이는 한적한 들판을 걸어가는 늙은전사 권술용 님의 모습이 보입니다. 모자를 쓰고 개량 한복을 입고 양손에 등산용 지팡이를 들고 등에는 커다란 배낭을 멨습니다. 배낭에는 '늙은 전사 한반도 순례'라고 적힌 노란색 깃발이 달려 있습니다.

발간사

권술용 선생 추모 문집을 내면서

김조년

어느 순간 어느 곳에서 무단히 어떤 한 사람이 떠오르는 것은 무엇을 뜻하는 것일까? 추운 겨울 길가 리어카에 간단한 도구를 올려놓고 뜨거운 것을 구워 내는 호떡 장사를 볼 때, 무더운 한여름 날 차 먼지 날리는 길가에 서 있는 팥빙수 판매대를 볼 때, 거리에 힘없이 앉아 오고 가는 사람들을 하릴없이 바라보는 노숙하는 사람들을 볼 때, 몸이 불편하여 자기 몸 하나 추스르기에 힘겨워하면서 무거운 짐을 가지고 거리를 걸어가는 사람을 볼 때, 산비탈을 깎아 다닥다닥 붙어 있는 지붕 낮은 집들로 이루어진 마을의 좁은 길을 지나갈 때, 남들은 다 학교에 가서 열심히 졸면서라도 공부할 때쯤 헐렁헐렁한 옷을 입고 여기저기 떼를 짓거나 혼자서 거리를 배회하는 젊은이를 볼 때, 왜 불현듯 권술용 선생이 내 맘에 떠오를까?

재잘거리며 축구공 하나 들고 거리를 지나가는 어린 학생들을 볼 때, 빛바랜 개량 한복을 입고 뚜벅뚜벅 견고한 발걸음으로 헛눈 팔지 않고 앞으로 앞으로 걸어만 가는 사람을 볼 때, 무엇이

들어 있는지 알 수 없는 묵직한 배낭을 짊어지고 바쁜 듯 앞으로 넘어질 듯 길 재촉하며 걸어가는 사람을 볼 때, 여기저기에서 평화를 말하고 생명을 말하면서 끝도 없는 순례의 길을 떠나자는 소식을 들을 때, 이 사람 저 사람 불러 모아 배움 여행 떠나자고 광고하는 소식을 들을 때, 신문지 한 장 사서 접어 손에 들고 길을 가거나 기차간이나 어느 그늘 아래 벤치에 앉아서 뒤적뒤적 한 장 한 장 넘기며 읽는 어떤 사람을 볼 때, 아니 평상에 앉아서나 버스나 기차 안에 앉아서 꾸벅꾸벅 세상모르게 편안히 조는 사람을 볼 때, 가끔 어디에 가서 맛있는 것을 먹을 때, 맘 놓고 졸기 좋은 퀘이커의 고요 예배를 드릴 때, 아니 불같은 삶을 사시면서 무수히 많은 젊은이 가슴에 활활 타오르는 불길을 지피시던 함석헌 선생을 생각할 때, 또 그를 따르던 김복관, 문대골, 송용등을 생각할 때 나는 왜 권술용 선생을 내 맘속에 떠올릴까?

그가 떠난 뒤 얼마 동안 일이 손에 잡히지 않던 것이 왜 그랬는지 이제야 조금 느낌으로 알 것 같기도 하다. 나만 혼자 그를 가끔 그렇게 생각하고 그리워하는 것이 아니었던 모양이다. 상당히 많은 내 주변의 친구들로부터 이런 때 여기 권술용 선생이 계셨더라면 어떠했을까 말하는 것을 듣는다. 지금 내가 하는 이 일은 바로 권 선생이 뿌린 씨 탓이라고 하는 소리도 듣는다.

그때 그를 만났던 것은 인생살이의 운명이었던 모양이라고 회고하는 이들도 많이 본다. 지금 내가 하는 일은 그때 그가 하던 일을 계속하여 연결하는 일이라고 말하는 이도 있다. 그런 그를 그냥 혼자 맘속에만 두고 그리워할 수 없어서, 권 선생이 가신 지 일곱 해가 되어, 그가 가시지 않고 그가 사랑하고 기대를 걸었던 친구들과 함께 살아 걷고 계시다는 것을 보여 드리고 싶어서 이렇게 소박하게 어설픈 글들을 모아 엮기로 하였다.

이 글들이 그와 함께했던 것들, 또는 지금 함께하고 있다는 것을 다 말할 수는 없지만, 그에게 받은 혜택과 은혜를 조금이라도 고마워하면서 부끄럽지만 살짝 비추어 본다. 이것으로 염려하지 마시고 편안히 쉬시지만 우리와 함께하자는 제안으로 삼고자 한다.

그가 어떻게 살았기에 이 많은 친구가 그렇게 그리워할까? 당신 칠순 때 내가 그를 조롱하듯 쓴 글을 그렇게나 좋아했다고 하기에, 또 전혀 바라지 않았던 그를 보내 드리는 어설픈 조사를 여기 다시 실어서 그가 산, 엉뚱하나 탁월한 선각자의 삶을 회상하여 본다.

2024년 5월

술용 선생 칠순 잔치 축시

당신은 전생에서

뭐 그리 하고 싶은 일을 못 하고 살았기에

여기 이생에서

그리도 하고 싶은 일이 많이 보이던가요

당신은 전생에서

어찌 그리 풍성하게 살았기에

아무것도 가진 것 없이

다른 사람 주머니 뒤집어

적선하라고

이 사람 저 사람 찾아

구차하지 않게

당당히 구걸하고 다니시나요

당신의 귀는 참 이상해

들으면 손 놀리고 발 놀리고 머리 돌려

온 천지를 들쑤시고 다니는

도깨비 되어

희망 되어

잠자는 영혼 깨워

새벽닭 울음 되어

고요한 신새벽 찬 공기 흩으시나요

당신은 전생에서

철창에 갇혀

쇠사슬에 꽁꽁 묶여

파란 하늘만 그리워하였기에

여기 이생에서

역마살 낀 신세로

한탄할 겨를도 없이

동에 번쩍 서에 출렁

시집간 딸 찾는 친정아버지 마음으로

이 사람 저 집 찾아가는

순롓길을 걷는가요

당신은 전생에서

얼마나 배움에 걸신 들렸기에

이 신문 저 신문

이 잡지 저 잡지

이 강의 저 강좌

깊이 졸면서 찾아도

한두 마디 핵심 개념으로

물리를 깨우치시니

허 참, 생이지지(生而知之)하셨군요.

2010. 11. 18.

술용 선생 추도사

그 많은 사람 두고
외로움을 타는가요?
아니랍니다
당신이 헤집고 간 숲
어지럽게 덮인 나뭇가지 사이
갈피갈피 밟고 간 흔적 보여
아! 여기
술용 선생 놓고 간 징검
징검 징검 저 건너 세계 가는 길
감탄 속에 그 길 다시 걸어가네요
남겨 놓으세요 조금
다음 사람 할 일
한두 개 띄엄띄엄 묻어 둔 채
후여후여 춤추면서 걸으세요
이 생에서 다 해 버리면
저 생에서 할 일 없이 심심할 텐데

흰머리 누가 탐하던가요
더부룩한 수염 누가 늙었다고 하던가요
바로 거기 만년 청년 코 골고 있던 자리
움트고 송잎 나
은빛 같은 새 세상 열릴 거니
혼돈 속의 질서라고 당신 생각 발길 몸짓 속에

새날 세울 씨
카오스모스 들어 있어
휘적휘적 휘젓고 가는 길
노래 되어
춤 되어
길라잡이 되어
저만치 걸어가니
그냥 그렇게 가소
뒤돌아보지 말고 못 따라온다고 탓하지 말고
그도 제 길 잡아 비척비척 걸을 거니

가슴속 깊이 맺힌 답답함을 여러 번 말씀하셨지요
바람에 날리고 싶은 갑갑함
어느 날 그것을 '무조건 제가 잘못했습니다'란 말
한 마디 신음에 가까운 호흡처럼 내뱉고
깃털같이 가벼운 맘 돼
고마운 분 찾아 문자 보내고
나 이렇게 아프니
망가지고 틀어진 모습 부끄러워하지 않고
찾아와 만나자 했고
그 많은 사람 하나하나 만날 수 없으니
훌쩍 날아 영혼으로 보면서
당신 찾아온 친구들 하나하나 웃으며 맞네
좋은 병원에 가 수술하자는 것도 싫다
아들들이 사는 세종이나 대전에 가재도 싫다

여기 신촌 퀘이커 하우스에 있을까 했을 때 끄덕
있는 그 자리 좋아
거기가 바로 있을 거기
사랑하는 아내 지극한 정성만 바라보면 돼
그러다 평생 동무 김말순 얼굴 보니
저래서 내가 살았다니까
천생 부처요 보살이요 마리아 어머니지
그 얼굴 보며 편안히 가는 거지
고마움 가득 담고

이렇게 느낄 때
나는 술용 당신 때문에 울지 않기로 했소
가벼운 맘으로 보내 드리기로 했소
훠이훠이 할 일 다 하고 가는 그 부실한 걸음 보며
애틋한 맘 하나 품고
웃으며 가리다
다만 가끔 엉뚱생뚱 술용 선생 떠오르면
그냥 하늘 보고 웃겠소
그때 어설프게 마주 웃는 소리 들릴 것이니
노래로 살고 시로 살고 산 생명으로 살던 그 모습
계산 없이 논리 없이 사는
온 천지에 깔린 그 모습
이제 또 새로운 곳에서 보겠기에

2017. 5. 6.

추천사

"생각한 대로" 잘 살다 가신 보살

도법(전 생명평화결사 생명평화탁발순례단장)

나는 권술용 선생님을 잘 알지 못한다.

순롓길에서 여러 차례 만났지만, 여러 사람이 모인 자리가 대부분이어서 사적으로는 안부 인사 외에 이야기를 나눠 본 적이 별로 없다. 그분에 대해 어떤 이야기를 하기에는 내가 가진 것이 너무 부족한지라 한사코 글쓰기를 사양했다. 더 깊은 인연을 맺고 쌓아 온 분들이 계실 터인데, 내가 글을 쓰는 게 오히려 결례일 것 같았기 때문이다.

그럼에도 불구하고 "생명평화결사와 생명평화탁발순례가 권술용 선생님께도 중요한 여정이니만큼 한 페이지를 써 주면 좋겠다."라는 출판위원 중 한 분의 거듭된 요청으로 생명평화결사의 옛 자료를 살펴보는 것으로 아둔하고 띄엄띄엄한 기억을 맞춰 보게 되었다.

내가 처음 권술용 선생님을 만난 것은 2006년 생명평화탁발순례 대전순례 때였다. 생명평화탁발순례 대전순례준비위원회

공동 대표로 함께하셨다. 당시 대동복지관 관장으로 활동하고 계셨는데, 대전순례를 하면서 대동복지관뿐만 아니라 노숙자 지원 활동, 실업 극복 운동, 지역 통화 한밭레츠 등등 지역사회의 많은 분야에 걸쳐 일을 하고 계시는 것을 보았다. 하시는 일들이 대부분 가난과 곤경에 빠진 이웃들과 함께하는 삶, 또는 살고 있는 현장에서 이웃과 더불어 평화마을을 만들자는 일이었다. 그분은 자칭 타칭 '늙은전사'라는 별명으로 불렸는데, 그 역시도 전쟁터 같은 세상에서 살아가는 벗을 은유한 것이라고 했다. 이후에 조금씩 더 알게 된 것은 그분의 활동 영역에 국내외가 따로 없다는 것이었다. 생명 공동체 운동을 통해 다른 나라의 가난과 고통의 현장에도 함께하고 계셨다. 세계가 그대로 하나의 현장이었던 분이었다. 이렇듯 전쟁터 같은 세상을 살아가는 늙은전사는 불교적으로 풀면 삼계화택(三界火宅), 불타는 집안 같은 세상을 살아가는 보살이라고 할 수 있다.

대전순례 이후, 권술용 선생님은 틈만 나면 탁발순롓길에 함께했다. 어떤 날은 홀로, 어떤 날은 대동복지관 활동가들과 함께 참여하기도 했다. 내 기억에 농담을 참 좋아했던 것 같기도 하다. 왁자지껄한 농담은 아니고 별로 웃기지 않은 우스개 같은 말씀들, '진지한 농담'이라는 말이 딱 어울리는 것 같다. 가끔씩 수염

예찬을 했던 게 기억나는데, 나보고 예수님을 닮았다면서 머리와 수염을 기르면 순례자의 풍모가 더 살아날 것 같다고도 했다.

이번에 옛 자료들을 살펴보다가 대전순례 마지막 날, 아쉬움을 말씀하시며, "남은 생은 이 일(생명평화)을 위해 살아야 되지 않겠는가 한다. 생명평화를 최고 이상으로 두고 늘 살아가겠다."라고 하신 말씀을 읽고 눈이 크게 떠졌다. 그리고 대동복지관 관장을 그만둔 뒤 선생님이 걸어오신 생명평화순례의 여정이 이해되었다.

2009년 봄, "후배들에게 길을 터 주기 위해 평화의마을에서 운영하던 대동복지관장직을 사임하고 순롓길을 떠난다."라는 말씀을 시작으로 권술용 선생님의 생명평화순례가 본격적으로 시작되었다. 첫 순례가 이른바 대한민국의 신명문가(생명평화를 가꾸는 집)를 찾는 100일 100인 순례였던 것 같은데, 지리산권 구례를 순례하실 때 함께 걸었던 기억이 있다.

2011년에는 생명평화결사의 순례단장으로서 제주 강정마을에서 사셨다. 생명평화결사에서 기획했던 순례는 애초에 제주에서 출발하여 전국을 순례하고자 했던 것이었다. 그러나 제주순례를 하면서 제주 해군기지 반대 운동과 강정생명평화마을, 강정평화공원에 대한 바람으로 강정순례로 변경되었다. 그리고 그 활동은 100일을 넘은 이후에도 5년여 동안 더 강정에서 이어졌는데, 그 중심을 권술용 순례단장님의 지극한 마음이 오롯이 지키고 있었다.

"생각하는 대로 살지 않으면 사는 대로 생각하게 된다."
- 폴 부르제

권술용 선생님은 폴 부르제(Paul Bourget, 1852~1935)의 이 말을 삶의 한 모토로 삼았고, 소로우(Henry D. Thoreau, 1817~1862)의 책을 읽고는 실제로 숲에 들어가 살기도 했다고 한다. 선생님은 '아, 이게 길이구나.' 하면 그 길을 가야 하는 사람인 것이다.

무모함, 뚝심, 무대책 등 사람들이 선생님을 표현했던 말들도 사실은 '생각하는 대로 사는 삶'에 좋은 의미로 붙여진 게 아닌가 한다. 끊임없이 변화하는 세상에서 '지금 여기에서의 헌신적인 삶'이란 그럴 수밖에 없었던 게 아닐까. 머물지 않는 바람처럼 말이다. 사람들이 대책 없는 분이라고 하면서도, 그런데도 밉지 않은 분, 가서 뭐라도 함께해야 할 것 같은 마음이 들게 하는 분이라고 했던 말들이 무슨 뜻인지 알 것도 같다. 그리고 이러한 것들이 오히려 그분의 곁에 늘 사람들이 많이 있었던 이유인 것도 같다. 가신 지 7년이 지난 지금, 지인들이 이렇게 추모의 회고록을 만들겠다고 나선 것만 봐도 그러한 삶의 여정이 얼마나 큰 울림을 갖고 있었던 것인가를 짐작해 볼 수 있다.

권술용 선생님은 지금 여기에서 필요한 일을 하면서 주체적으로 사는 한길을 가신 분, 그래서 정말 멋진 삶, 괜찮은 삶을 살다가 가신 분으로 기억된다.

"아동시설 총무로 10년, 복지관장으로 20년 '부귀영화를 누리며' 원 없이 잘 살았다."

대동복지관의 관장직을 내려놓을 때 하셨던 회고처럼, 선생님은 그런 마음으로 가셨을 것이다. 그리고 지금도 그 '부귀영화'를 누리며 어딘가를 순례하고 계실 터이다.

나는 이번 기회에 그분과 관련된 자료들을 다시 읽고 미처 알지 못했던 사실들을 많이 알게 되었다. 내가 그랬던 것처럼 귀한 인연들이 함께 엮은 이번 회고록을 통해 '생각하는 대로 살아간' 삶의 궤적이 잘 꿰어져서 우리 삶을 비추는 큰 등불로 빛나기를 바란다.

추천사

영원한 청년 권술용

바우 황대권

　물리적 나이와 상관없이 죽는 그 순간까지 청년의 삶을 살다 간 사람, 권술용 선생님이 돌아가신 지 벌써 몇 해가 지났다. 이제야 선생님의 추모집이 나온다는 것은 상실의 아픔을 삭이는 시간이 필요했을지도 모른다. 나는 권 옹의 입속에 암세포가 급속히 퍼져 말이 잘 나오지 않는 시점에 찾아뵈었다. 이생의 시간이 얼마 남지 않았음에도 선생님은 평소 모습 그대로 손님을 맞이했다. 그로부터 얼마 후 돌아가셨다는 소식을 접했는데 이상하게도 슬프지 않았다. 그냥 친한 친구가 멀리 여행이라도 떠난 것처럼 담담했다. 여행하다 지치고 힘들면 다시 돌아오시겠지 하는 기대감마저 들었다. 눈으로만 볼 수 없을 뿐 선생님은 늘 그 자리에 계시는 듯했다. 누가 붙여 준 별명이 아니라 말 그대로 선생님은 내게 영원한 청년이셨다.

　이 바쁜 세상에 선생님은 그래도 상당히 자주 마주친 사람 가운데 한 분이다. 개인적 친분보다는 생명평화운동의 동선이 자주 겹치는 바람에 그리 되었다. 동선이 겹친다는 것은 성향이 비슷하다는 말과 같다. 권 옹은 내가 만난 많은 선배 또는 어른 가운데 가장 나와 닮은 분이었다. 만나면 편히 기대고 싶은 사람이다. 함께 사회운동을 하는 사이였음에도 한 번도 심각하게 논쟁을 벌이거나 얼굴을 붉힌 적이 없다. 그냥 이웃집 아저씨나 친구처럼 느껴졌다. 나는 권 옹의 총애를 받았다. 살면서 나와 닮은 사람 혹은 닮고 싶은 사람의 사랑을 받는다는 것은 크나큰 축복이 아닐 수 없다. 내가 전남 영광의 산속에서 감당하기 힘든 짐을 짊어지고 허우적거릴 때 가장 큰 힘이 되어 주신 분이 바로 선생님이시다. 내가 무엇을 해도 옹호해 주었고 잘하라고 기운을 북돋워 주었다. 선생님이 안 계시니까 그 사실이 더 절실히 느껴진다.

선생님과 함께 지내면서 내 인상에 가장 깊이 새겨진 말은 무슨 교훈적이거나 웅숭깊은 지혜의 언어가 아니다. '성냥불 긋듯이 확!' 그어 버리라는 다소 황당한 선동의 말이다. 복잡한 시대 한복판을 살면서 우리는 어느 정도의 선택 장애를 앓고 있다. 물건을 고를 때나 사람을 선택할 때, 그리고 사업을 결정할 때 누구나 신중에 신중을 기한다. 경험에 의하면 선택의 시간이 길어질수록 부정적인 결과를 맞이하는 일이 많았다. 장고 끝에 악수를 두기도 하고 기회를 잃어버리기도 한다. 권 옹의 '확 그어 버림'은 생각하기 싫어하는 사람의 막무가내 선택이 아니다. 당신만의 독특한 '감'을 믿고 따르는 것이다. 그것이 설사 잘못된 선택일지라도 옹의 청년다운 열정과 끈기가 또 다른 결과를 만들어 내었다. 백척간두에 선 사람의 한 발자국은 지옥이 될 수도 천국이 될 수도 있다. 분명한 사실은, '믿는 사람'의 발걸음 아래에는 반드시 '무지개다리'가 놓인다는 것이다. 잘은 모르지만 선생님은 그렇게 한평생을 사시지 않았나 싶다. 그렇지 않다면 살아생전의 그 무모함과 뚝심을 설명할 방도가 없다.

선생님과의 일화 가운데 가장 즐거웠던 시간은 아직 적성국가로 가는 여행이 자유롭지 않았던 시절에 떠난 쿠바 여행이다. 다행히 지금은 국교가 정상화되어 누구라도 자유로이 여행을 할 수 있지만, 당시만 해도 마치 도둑질하듯 여행을 해야만 했다. 더욱이, 나는 '간첩죄'로 징역을 산 사람이라 함께 갔던 누구보다 더 마음이 쫄깃했다. 그러나 그러한 걱정은 쿠바의 강렬한 태양과 가난하지만 자존심 강한 현지인들의 환한 미소 앞에서 공연한 기우에 지나지 않았다. 게다가 내 신분을 미리 조사한 듯 특별 대우를 해 주는 것 같아 기분이 좋았다(착각일 수도 있음). 사실 그 여행도 선생님의 성냥불 긋는 듯한 결정이 없었으면 불가능했다. 여행을 하기로 결정을 내리고 공지를 했지만 목표 인원의 절반도 모이지 않았다. 선생님은 내게 전화를 해서는 어떻게 좀 사람을 모아 보라고 다급한 목소리로 요청하였다. 나는 있는 인맥을 다 동원하여 사람을 모았고 결과는 모두에게 잊지 못할 여행이 되었다. 지금도 그렇겠지만, 쿠바 여행에는 두 사람의 아이콘이 있다. 하나는 체 게바라이고 또 하나는 헤밍웨이다. 가는 곳마다 두 인물과 관련된 기념품과 추억의 장소가 있었다. 그러고 보니 권 옹은 두 이이콘을 반씩 섞어 놓은 사람이 아닌가 하는 생각이 든다. 헤밍웨이의 넓은 이마와 꾹 다문 입술, 그리고 체 게바라의 강렬한 눈빛과 열정이 꼭 닮았다. 신께서 두 천재를 섞어서는 평범한 시골 아저씨로 만들어 놓으셨다. 비범한 듯 아닌 듯, 영웅인 듯 아닌 듯….

영원한 청년 권술용. 그는 왜 이 혼탁한 세상에 와서 많은 사람들에게 그리움만 남겨 두고 훌쩍 가 버렸을까? 모른다. 내가 아는 것은 그저 그와 함께했던 시간들이 '아름다웠다'는 것뿐. 그래서 나는 이제부터 '영원한 청년'과 '아름다운 사람'을 합쳐 '아름다운 청년 권술용'이라 부르고자 한다. 부디 저세상에서도 이생의 인연들을 기억해 주시기 바란다.

목차

발간사: 권술용 선생 추모 문집을 내면서 – 김조년 ············· 5
추천사: "생각한 대로" 잘 살다 가신 보살 – 도법 ············· 13
추천사: 영원한 청년 권술용 – 바우 황대권 ············· 18

1장 함석헌과 젊은 그들

1. 추억의 향우학원 – 김송전 ············· 26
2. 바보놀이 전말기 – 송용등 ············· 33
3. 술용이 만세! – 문대골 ············· 56
4. 친구란 누구인가 – 권술용 ············· 61
5. 씨앗농장의 젊은이들 – 지덕호 ············· 70
6. 끝내 씨앗이 되신 고모부 – 김원진 ············· 92
7. 또 꿈을 꾸고 행동하고 – 유정인 ············· 100

2장 권총 딥다, 빵빵!

1. 나의 아저씨 - 김명선 ················· 110
2. 행복하고 즐거운 인생을 사는 법 - 박성제 ··········· 113
3. 내 인생의 선물 - 차진희 ················· 116
4. 바보 파랑새, 평화의 마을을 꿈꾸다 - 이현수 ········· 129
5. 당돌한 김 선생 - 김미영 ················· 135
6. 친정아부지, 귄촌 - 송춘영 ················ 138
7. 최 총무 수난기 - 최소자 ················· 142

3장 늙은전사의 노래

1. 달동네를 하늘동네로 - 류호영 ·············· 148
2. 지금 여기서 여전히 응원해 주고 계신 관장님 - 권부남 ····· 152
3. '그 사람'을 추억하며 - 김봉구 ·············· 157
4. 한밭레츠에서 만난 권술용 - 김성훈 ············ 161
5. 우물을 파면 개구리가 모인다 - 김현채 ··········· 170
6. '늙은전사'의 퇴임 인사, 새 길 떠나기 - 권술용 ······· 173
7. 퀘이커 모임에서 만난 권총 - 배현덕 ············ 178
8. 이제야 당신의 봄을 기다립니다 - 서수미 ·········· 182
9. 샨티학교의 영원한 교장 권술용 선생님을 기리며 - 황우승 ·· 186
10. 나의 단장님, 나의 길잡이 - 김동원 ············ 195
11. 세상은 너무나 아름다우니 마음껏 즐기세요 - 박용성 ····· 204
12. 권술용 단장님을 추모하며 - 송강호 ············ 223

4장 영원한 순례의 길

1. 어디 신나게 죽을 일 없을까? - 백진앙 ·················· 232
2. 걷는 사람 권술용, 영원한 순례에 나서다 - 권미강 ·········· 240
3. 권총! - 나준식 ··· 244
4. 어린 전사 - 송강호 ·· 247
5. 생명 농사꾼과 평화의 일꾼 - 고권일 ························· 250
6. 샨티가 사랑한 그 사람을 떠나보내며 - 최문희 ············ 254
7. 샨티의 넉넉한 할아버지께 - 채수영 ·························· 258
8. 샨티의 아이들 - 김정현, 유태현, 김건, 유기량, 김하은, 최혜원, 문지현 ··· 261
9. 권술용 선생님 영전에 부쳐 - 정호진 ························· 270
10. 영원한 청년 '권총' - 김경일 ···································· 285

5장 권총 패밀리

1. 나의 할아버지 - 권요한 ·· 290
2. 아버지의 우산 - 권지성 ·· 297
3. 씨울농장, 평화의마을, 풀무농업고등기술학교 - 권지훈 ····· 309
4. 사랑하는 가족들에게(옥중 편지) - 권술용 ················ 318
5. 앎과 같이 노니는 삶 - 권술용 ·································· 322
6. 그 사람을 가졌는가 - 권지명 ···································· 325

권술용 할아버지 발자취 ·· 331
에필로그 ··· 337

1장
함석헌과 젊은 그들

1. 추억의 향우학원

김송전(향우학원 제자)

세월이 참 빠르기도 합니다. 벌써 52년 전의 일입니다.

내 나이 17살이었어요. 동네 어귀 산모퉁이 약간 언덕배기에 작지만 아담하게 지어진 초가집이 있었어요. 권술용 선생님께서 손수 흙벽돌을 찍어서 직접 지으신 집 대여섯 평의 교실 안에는 작은 흑판이 전면에 붙어 있고 등받이 없는 길쭉한 나무 의자가 가로로 몇 개 놓여 있었어요. 너무 오래된 일이라 어떻게 홍보가 되었는지 모르겠지만 그곳에서 야간에 중학교 과정을 공부한다기에 출석을 하게 되었어요.

그때 무렵 나는 바다에 나가서 어로 작업을 해야 하는 어부였기에 하루 종일 바다에 나가서 고기잡이 갔다가 모든 업무를 마치고 향우학원 야학 시간에 늦게 도착하여 맨 뒷좌석에 앉아서 수업을 받곤 했지요.

오징어잡이가 시작되는 여름이면 야간에 작업이 이루어지기 때문에 그리운 야학에 참여할 수가 없게 되어 안타까웠어요. 가끔 폭풍주의보가 내려 모든 어선의 출항이 금지되면 기쁨으로 출석을 하게 되어 선생님들과 친구들을 만날 수 있었어요. 겨울철엔 명태잡이가 시작되어 새벽 바다에 나갔다가 저녁 늦게 모든 일을 마치기 때문에 아주 늦은 시간에 참여하곤 했지만 선생님들의 따뜻한 배려로 열심히 참여할 수 있었어요.

강원도 최북단 북쪽 끝 동네 통일 전망대가 가까운 고성군 현내면 대진리 철둑길 너머 흙벽돌 토담 초가집 '향우학원'의 이야기입니다. 권술용 선생님이 20대 중반 나이에 혼자서 손수 흙벽돌을 볕에 말려 만들어 지으신 토담집이었어요.

그때 함께하셨던 서정웅 선생님, 강광신 선생님과 성함이 기억나지 않지만 예쁜 긴 머리 여자 선생님 이렇게 여러 선생님이 열정적으로, 그리고 완전 무상으로 사춘기의 소년·소녀 학생들을 위해 엄청난 봉사를 하셨지요. 이 글을 쓰면서 머리 숙여 감사드립니다.

토담집 향우학원 야학의 교실에는 벽 쪽 상단부에 작은 굵기의 통나무 두 개를 걸쳐서 만들어진 책꽂이가 있었고, 『사상계』, 『신동아』 같은 월간지와 문학 서적들이 빼곡하게 얹혀 있어서 마치 도서관 같은 분위기를 느꼈던 기억이 납니다.
아주 가끔 하얀 두루마기에 하얀 백발을 하신 함석헌 선생님도 다녀가신 적이 있었지요. 앉아 있으신 모습이 허리를 곧게 펴시고 꼿꼿하게 앉으신 모습이 인상적이었어요. 그런 모습을 닮으려고 하였기에 저도 아주 바른 자세로 평생을 살아가게 되더군요.

토담집 바깥에는 자그마한 마당이 있었어요. 울타리가 없는 작은 낮은 경계선 모퉁이 한켠엔 권 선생님이 손수 나무를 산에서 구해 와 평행봉을 세워 두셨지요. 선생님들은 젊음을 과시하듯 평행봉 운동을 열심히 하셨어요. 그래서 그런 모습을 보고 자라면서 청년이 된 후로는 저 역시 평행봉 운동으로 체력을 키우기도 했어요.

하루는 어느 추운 겨울이었어요. 온 천지가 하얗게 눈으로 덮인 날이었어요. 권술용 선생님이 맨몸에 팬티 하나 걸친 그 몸으로 눈으로 냉수마찰을 하셨어요. 선생님은 조용하시면서도 좀 괴짜셨어요. 체구는 작지만 강단 있으시고 좀 빡센 분이었어요.

1967년 어느 여름날, 향우학원에선 설악산 대청봉 등산을 계획합니다. 이런저런 장비를 준비하고 새벽같이 대진을 출발하여 속초 설악산 산행을 떠나게 되었어요. 지금은 설악산 등산로가 잘 정비되어 철책으로 놓여 있어서 위험하지 않지만 그땐 50년 전이라서 등산로 이정표조차도 되어 있지 않았으니, 지금 생각하면 막무가내식 등산이었어요. 겨우 길을 찾아서 선생님들이 선발대가 되어 죽음의 계곡 같은 곳에선 먼저 올라가 로프를 걸어서 늘어뜨려 놓으면 우리 17세 소년들은 그 로프를 당겨서 한 고비씩 옮겨 가곤 했어요. 그렇게 무사히 설악산을 다녀왔어요. 그때 사진관에서 카메라를 빌려 필름 몇 통 넣어서 찍었던 수많은 사진들은 카메라 고장으로 그 아름다운 장면이 한 장도 남아 있지 않아 아쉬움이 있습니다.

권술용 선생님은 국어와 한문을 담당하셨어요. 고사성어에 얽힌 재미있는 이야기들을 들으면서 아름다운 꿈을 키웠던 것 같아요. 덕분에 저는 30여 년 동안 한문 선생으로의 삶을 살게 됩니다. 1기생을 2년 만에 졸업시키고 2기생까지로 향우학원 야학은 종강하게 되었어요. 1기생, 2기생 학생 수가 대략 40여 명이 되지 않았을까 추산됩니다.

그 뒤로 그 어리던 향우학원 야학의 청소년들은 뿔뿔이 흩어져 세상에 던져졌지요. 험난한 세상 파도에 심한 풍랑을 맞으며 강산이 변한다는 십 년의 세월을 다섯 번이나 넘겨서야 3년 전에 전국에 흩어져 살던 동지들을 어렵게 수소문한 끝에 몇 명이 모일 수 있었어요.

까까머리 소년들이 귀밑머리 허연 반백의 노인들이 되어서야 권술용 선생님과 서정웅 선생님을 모시고 인사동 골목길 막걸릿집에서 막걸리 잔을 기울이며 50년 전의 향우야학 시절을 더듬으며 꿈같은 하룻밤을 보낼 수 있었어요.

부산에 살고 있는 항해사 김성환 동지의 주선으로 두 번째 모임을 가졌고 작년 부산 송도 해수욕장 게스트하우스에서 가졌던 세 번째 모임이 마지막으로 선생님을 모신 자리가 되었네요.

청소년기인 10대는 누구를 만나느냐, 어떤 환경을 만나느냐가 중요한 시기가 아닌가 생각됩니다. 그 뒤로 우리는 검정고시로 중고등학교를 마쳤고, 저는 방송대 중문과를 졸업한 뒤 강원대학교 인문대학원 중문학과를 졸업하고 어엿한 사회교육자로서 사회에 봉사하면서 살아왔어요. 10대에 권술용 선생님을 만났기에 가능한 일이었다고 생각합니다.

강원도 고성군 현내면 대진리 최북단 마을 토담집

향우 야학 설립자 권술용 선생님의 고고한 정신을 이어받은 우리 향우 학생들은 결코 선생님의 아름다운 희생과 봉사 정신을 잊지 않을 것입니다. 권술용 선생님 머리 숙여 감사드립니다.

2. 바보놀이 전말기

송용등(로바나무역 대표이사, 친구)

하늘과 맞닿은 듯이 높이 솟은 산기슭 화전 텃밭. 강원도 고성군 간성면 안반덕 씨올농장에서 허망하고 삭막한 이 세상에 나와서, 바보놀이를 같이할 만한 짝꿍으로 권술용을 만났다. 우리는 1940년생 동갑내기로 1963년도에 꽃다운 20대 초반의 나이에 안반덕 고지대에서 만나서 곡괭이와 삽을 들고, 길을 내고 밭을 일구며 농사일을 같이했다.

올해 2월 음력설이 지날 무렵, 권 형의 부인 김말순 여사로부터 전화가 와서 반갑게 받았다. 새해 인사려니 했는데 뜻밖의 원고 청탁이었다. 권 형을 알고 있던 지인들이 모여 권 형을 알고 지내던 지인들이 추모문집을 출간하고자 하는데 내가 꼭 글을 써 주면 좋겠다고 하였다. 권 형이 세상을 떠난 지 7년이 됐지만 그를 먼저 떠나보낸 아픈 상처를 떨쳐 내지 못하고 있는 터에 그와의 일을 다시 떠올리는 게 차마 내키지 않았다. 김 여사에게는 해외에 오래 살다 보니 한글로 글쓰기가 어렵다는 말로 완곡하게 거절했지만 김 여사가 몇 차례 전화하여 간곡히 부탁해 끝내 이 글을 쓰게 되었다.

함석헌 스승과 나, 그리고 권술용

전라남도 화순군 남면 사평리 양반 지주의 3남 4녀 중 막내아들로 태어난 나는 초등학교 3학년까지 머슴이 책가방을 들고 학교까지 따라다닐 정도로 호강스러운 유년기를 보냈는데, 6·25 동란으로 우리 집안은 급속히 가세가 기울게 됐다. 우리 집안에는 일본 유학을 다녀온 지식인이 많았는데, 그중 몇 분이 이상주의적(?) 사회주의자들이어서 치안 당국으로부터 요시찰 인물로 낙인찍혔으며, 그 여파가 우리 집까지 미쳐서 아버지도 상당한 고초를 겪으신 후 건강이 나빠져서 일찍 돌아가셨다.

1948년 여순사건 당시 큰 사촌 형님이 여수여중·

고 교장으로 재직 중이었는데 그는 자신도 모르게 여순 반란군이 준비한 강연회의 연사로 추대되어 강연회 포스터에 사진이 실렸고, 그런 관계로 반란군에게 협조했다는 의심을 받아 재판도 없이 옥중에서 사망하셨다.

나는 광주에서 중학교를 졸업하고 고등학교에 입학하던 때 어머니마저 돌아가시자 심한 공황장애를 앓게 되어 스스로 학교를 중퇴했다. 어린 나이에 비교적 일찍 철이 들어 보니 어머니가 폐병을 심하게 앓고 계시다는 것을 알게 되었다. 학교에 다녀와서 산과 들로 나가 폐병에 좋다는 수많은 단방 약초를 구해 와 어머니가 복용하실 수 있도록 하였다. 그때부터 어머니에 대한 연민의 정이 날이 갈수록 깊어지고 17세 사춘기에 접어들며 어머니에 대한 나의 연민과 사랑의 정이 절정에 이르렀을 때 세상을 떠나셔서 나의 남은 인생을 캄캄한 암흑 속에 머물도록 하였다.

어머니가 돌아가시고 난 후 정신질환을 앓으며 방

황의 시기를 보냈다. 2~3년이 지나고 나서 조금씩 정신적 안정을 되찾고 다시 독서에 심취하게 되었으며, 그때 많은 교양서적과 함께 함석헌 선생님의 글들을 읽고 새로운 정신세계를 알게 되는 신선한 충격을 받았었다. 특히 『사상계』에 실린 함 선생님의 글들과 『뜻으로 본 한국 역사』, 시집 『수평선 너머』, 산문집 『생각하는 백성이어야 산다』 등등의 선생님 책과 글을 읽고 함석헌 선생님을 마음속으로 존경하게 됐다.

조선조 말 홍문관 교리를 지내셨던 할아버지의 영향으로 집안은 전통적인 유교 풍속을 벗어나지 않았고, 어머니와 외가는 불교를 신봉하고 있어서 기독교와는 다소 소원하였다. 내가 함 선생님이 운영하는 씨올농장에 매력을 느낀 것은 함 선생님께서 우리 한민족의 역사를 고난의 역사로 해석하고 고난에 대한 긍정적 철학을 일깨워 주셨기 때문이다. 그때 나의 처지가 고난에 가득 차 있다고 믿었기에 좀 더 절실하게 다가왔다고 생각한다.

1962년 5월경, 함석헌 선생님 밑에서 그의 사상을 배워 선생님처럼 훌륭한 인격자가 되어 나라와 민족을 위한 일꾼으로 쓰일 수 있기를 희망하여 씨올농장에 들어가기로 마음을 먹었다. 함 선생님을 만나러 찾아가는 길에 버스나 기차를 타고 가는 것이 왠지 불경하다는 마음이 들어서 걸어가기로 하고, 화순군 남면 사평리 고향집을 출발하여 무등산 자락에 있는 화순군 이서면 야사리 외할머니댁에 들러 문안을 드리고, 다음 날 무등산을 넘어 광주에 도착했다. 장성, 이리, 대전을 거쳐 국도를 타고 걸어 7박 8일 만에 수원에 들어섰다. 이른 아침에 수원 서울대 농대 교수로 계시던 유달영 박사를 찾아가 인사를 드렸다. 일제 강점기 시절 성서조선 사건으로 함석헌 선생님과 함께 옥고를 치르셨던 독립운동가, 농학자, 사회운동가였다. 유 박사께서는 농대 교직원 숙소에서 나를 만나서 근처 숲길을 잠시 걸으며 시국에 대해 말씀하시고 따듯한 격려로 힘을 북돋워 주셨다. 그리고 그날 오후, 서울에 도착했다.

서울 원효로 4가 함 선생님 댁에 도착하니 지하실 화원에서 일하시던 선생님이 대청마루에 올라오셨는데 하얀 한복에 흰 수염이 너무나도 잘 어울려 환하게 웃으시는 모습이 신선처럼 느껴졌다. 선생님과 함께 준비된 국수를 먹고 나서, 내가 씨올농장에 일하고 싶어 광주에서 올라왔다고 말씀을 드렸더니 지금 천안 씨올농장에 사람들이 다 차서 나를 받아들이기 어려우니 다시 고향에 내려가서 기다리고 있으면 연락을 주겠다고 말씀하셨다.

고향에 내려와서 씨올농장 일은 거의 잊히고 있었는데 대략 1년쯤 후인 1963년 어느 날 함 선생님의 편지가 왔다. 강원도 고성군 간성면 안반덕 고지에 새롭게 개척을 시작한 씨올농장이 있으니 그곳에 가서 일하라는 내용이었다.

서울에서 버스를 타고 4~5시간 걸려 강원도 고성군 간성면에 도착한 후 버스에서 내려 산길을 2시간 정도 걸어가니 소정골이란 화전민 마을에 도착하게 되었다. 소정골 입구에 있는 선혜학원을 방문하였다. 선혜학원은 이화여대 횃불모임 학생들이 주체가 되어 한글을 가르치고 있었다. 곽분이 선생을 만나 늦은 점심을 얻어먹고, 가는 길을 물어 40여 분쯤 좁고 가파른 산길을 걸어 올라가니 초막이 지어져 있는 안반덕에 도착했다.

농사일은 시골에서 나고 자라서 일머리는 이해하고 있었으나 경험이 부족했다. 어떤 어려움도 극복하겠다는 각오로 씨올농장에 왔으나 여러 사람과 일을 배우면서 같이 나누어 할 것으로 기대하고 있었는데, 내가 농사일을 전적으로 맡아서 한다고 생각하니 막막해졌다. 그러나 낮에는 씨를 뿌리며 밭을 매고 저녁에 농지를 한 뼘이라도 늘리기 위해서 달빛 밑에서 열심히 개간하였다.

그렇게 개간한 밭은 비가 한번 쏟아지고 나면 모든 흙더미가 쓸려 내려가 원래의 야산으로 복원되어 있곤 했다. 그렇게 지내던 어느 날, 함 선생님의 엽서를 받았다. "고생이 많겠지만 낙심하지 마라. 도와줄 사람이 갈 것이다."라고 쓰여 있었다. 엽서를 받은 후 며칠 지나 3명의 젊은이가 씨올농장 입구로 올라와서 만났다. '권술용'이라고 자신을 소개한 젊은이는 과묵한 인상이었고, 사슴의 눈빛을 가진 착해 보이는 서정웅 씨는 신학대학생이라고 소개했으며, 고등학생으로 보이는 한 친구는 그 뒤에 별로 만나지 못해 이름이 기억나지 않는다. 권 형은 간성면 대진리가 집인데 잠은 집에서 자고 씨올농장 일이 바쁠 때 도우러 오겠다고 말했다. 오가는 데만 4~5시간 걸려 당일치기를 할 수 있는지, 또 오더라도 몇 시간이나 일을 할 수 있는지, 다소 회의감이 들었다.

그러나 우려와는 달리 안반덕에 일이 많아 일손이 부족할 때나, 어려운 일이 생길 때마다 권 형은 올라와서 하루에 8~10시간씩 땀을 흘리며 열심히 억척스럽게 일을 도왔다. 그는 나보다 경험과 숙련이 쌓인 훌륭한 농사꾼으로서 나에게 벅찬 힘든 일들을 많이 도와주었다.

어느 날 씨올농장에 함 선생님이 올라오셔서 함께 감자밭을 매고 있었는데, "권술용이가 왔던가?"라고 물으셨다. 그가 어려운 일을 많이 도와주고 있다고 말씀드리니 "사람은 술용이가 진짜지!"라고 칭찬하신 말씀이 기억에 남는다.

나는 안반덕 농장에서 나름대로 열심히 일하였으나 오랜 지병이었던 위궤양이 다시 도지고 말았다. 결국 농장 일을 계속 지탱해 나가는 것이 힘들다고 판단되어 많은 고심 끝에 농장을 떠나기로 마음을 먹었다. 그 무렵 농장에 새로 문대골 목사가 들어왔는데 그도 나와 동갑이었고, 기독교인으로 내적 수련(내공?)이 쌓인 지사형 인상이었다. 그런 그가 농장 일을 나보다 잘 이끌어 갈 수 있는 강인함이 있어 보여 안반덕을 떠나는 내 발걸음이 가벼워졌다.

베트남 이야기

안반덕에서 고향으로 내려와 위궤양을 치료하고 있

는데, 미국 건설회사가 베트남에서 근무할 측량 기사를 구한다는 신문광고를 보게 되었다. 별로 기대하지 않고 시험을 쳤는데 뜻밖에 채용이 되어 1965년, 베트남으로 출국하게 되었다. 출국 전 함 선생님께 하직 인사를 갔는데 김포공항으로 가는 먼 길까지 배웅해 주셨다. 군대에서 6개월간 측량 교육을 받고, 2년 반가량 육군본부 측량병으로 파견되어 전국을 다니며 육군이 소유한 토지와 건물을 측량하여 군 소유 부동산(토지 및 건물) 목록을 만드는 일을 한 경험이 베트남에 가게 된 동기가 된 것이다.

베트남에서 일 년 반 동안 미국 건설 회사의 직장 생활을 마치고 회사에서 나와 현재 부인이 된 베트남 국적 반티우엔(Van Thi Nguyen)을 만나 결혼을 했다. 김타이 건설이라는 건설 회사를 만들어 약 8년 6개월간 회사를 운영하였다. 베트남 건설 회사들이 기술과 경험이 없어 손도 대지 못하는 비행장 공사, 도로 공사, 고층 건물 공사 등을 경험이 있는 한국 기술자들과 같이 미국 정부로부터 공사를 수주하여 많은 대형

공사를 수행하게 되었다. 그로 인해 상당한 자본과 사업 기반을 축적하게 되는 행운을 갖게 되었다. 그러나 계속된 전쟁에서 남베트남이 북베트남(월맹)에 패망하여, 그동안 숱한 노력과 고생으로 축적한 자본은 베트남 은행에 예금되어 있었고, 패망 직전 남베트남 화폐가 하루아침에 종이가 되는 경험을 하게 되었다. 남베트남 수도 사이공이 함락되기 직전, 1975년 4월 30일 저녁에 미 대사관 헬리콥터를 타고 탈출하는 과정에서 부인과 두 딸과 헤어지게 되었다. 나는 헬리콥터로 붕타우 항구에 정박 중인 미 해군 군함에 옮겨져 2주간 항해 끝에 괌에 혼자 도착하게 되었다. 괌에는 월남에서 나온 피난민 규모가 수십만 명이었으며 3개월간 모든 베트남 난민 수용소를 다 뒤졌지만, 가족을 찾지 못했다. 그 후 괌에서 나와 약 5~6개월 동안 베트남 주변국인 캄보디아, 라오스, 태국, 인도네시아에 있는 베트남 난민 수용소들을 돌아다니며 가족을 찾았으나 성과가 없었다. 마지막으로 1976년 초에 지푸라기라도 잡는 심정으로 제네바에 있는 유엔난민기구(UNHCR)를 방문해서, 베트남전쟁에서 헤어진 가족을 찾아 달라는 호소문을 접수하고 한국을 찾았다.

다시 만난 권술용

오랜만에 한국에서 고향에서 친척, 친지들을 만나고 서울에 올라와 뜻밖에 권술용의 안부를 들었다. 결혼한 후 서울 남산 판자촌에 살고 있다는 소식을 듣고 만나 보고 싶어 그의 집을 방문했다. 부인과 두 아들과 딸, 처남인 김복관 선생 가족과 여러 사람이 모여 피난살이처럼 어려운 살림을 지탱하고 있었다. 나는 권 형과 오랜만에 만나 반가웠지만 어려운 서울살이를 하는 현실을 보게 되어 마음이 아팠다. 그래서 앞으로 어떤 계획이 있는지 물었다. 전국적으로 토끼 가죽이 많이 나오고 있는데, 그 가죽을 가공하면 좋은 사업이 되고, 어려운 사람들에게 많은 일자리를 줄 수 있게 되니 자본이 준비되면 그 일을 하고 싶다는 계획을 들었다.

그때 내게는 가족이 월남에서 나오면 한국에서 새롭게 정착하는 터전을 잡기 위해서 어렵사리 준비한 자금이 있었다. 권 형의 말을 듣고 그 돈을 사업자금으로 쓰라고 건네주고 남산 길을 걸어 내려왔다. 한국의 혹독히 추운 겨울과 언어, 풍습이 다르고 외국인 부인에 대해 차별적인 시각이 팽배한 한국 실정에 그 돈은 따뜻한 나라에서 나고 자란 부인과 아이들에게 최소한의 비참한 생활을 면하게 해 줄 수 있는, 나에게는 마치 생명과 같은 귀중한 자금이었다. 하지만 조금의 주저도 없이 그리고 어떤 기대나 미련 없이 권 형을 돕게 되어 행복한 마음으로 돌아왔다.

그때 얼마의 금액을 권 형에게 넘겨주었는지 전혀 기억이 나지 않았는데, 이번에 김말순 여사가 통화 중에 그 금액이 한화로 800만 원이었다고 알려 주었다. 그때 김 여사는 같이 지내는 가족은 많고, 집은 좁고, 하도 생활이 어려워서 좀 황당하지만 주택 복권을 하나 사서 일등 당첨이 되기를 기도하던 중이었다. 그 당시 주택 복권 1등 당첨 금액이 800만 원이었고, 그 돈이면 서울에서 좋은 주택 한 채를 마련할 수 있는 금액이었다고 했다. 주택 복권은 당첨되지 않았지만 얼마 지나지 않아 뜻밖에 송 선생님이 베트남에서 돌아와서 권 형에게 800만 원을 건네준 것이었다고 말했다. 김 여사는 그 돈으로 절실히 집 장만을 하고 싶었으나 송 선생이 사업에 쓰라고 준 돈이기에 남편 뜻에 따랐다고 한다.

호주에서 살아가다

가족의 정착금을 권 형에게 넘겨주었으니, 우리 가족이 한국에서 정착하기가 어렵다고 판단하여 처음의 생각을 접었다. 가족이 나오면 어렵고 힘들겠지만 다른 나라에 가서 살기로 마음을 정하고 있던 중에, 호주가 서방 국가로서는 처음으로 프랑스와 같이 공산 베트남과 외교 관계를 개설하였다는 소식을 들었다. 호주에 가면 전보 및 통신이 공산 월맹과 가능할 것으로 예상되었다. 호주에서 가족을 맞이할 생각을 하고 서울을 떠나 시드니에 입국하여 영주 체류 비자를 신청하였다.

 호주에 체류하여 7~8개월의 시간이 지난 1977년 3~4월경에 유엔난민기구에서 연락이 왔다. 우리 가족이 피난에 성공하지 못하여 아직도 베트남 사이공에 체류하고 있다는 소식과 살고 있는 주소도 받아서 즉시 호주로 초청하겠다는 전보를 보냈다. 초청장과 함께 호주 입국 비자와 비행기표를 같이 보내 달라는 전보를 받게 되었다. 비행기표를 사려니 그때는 유일하게 일주일에 한 번, 베트남 사이공에서 방콕으로 나오는 에어프랑스기가 있었다. 그 비행기표를 사기 위해 방콕을 방문했으나, 방콕에서는 베트남에서 나오는 공산 월맹 국적의 사람에게는 비행기표 판매가 금지되었으니 파리 본사에 가서 구입하라고 했다. 결국 프랑스 파리에 가서 3인 가족의 비행기표를 구입해 돌아왔다.

 그때의 내 형편은 호주 영주권 비자를 신청했으나, 아직 허가가 나오지 않은 상태여서 가족의 호주 입국 비자는 받을 수 없었다. 방콕에 도착해 태국 입국 비자를 신청하였다. 태국에 이미 베트남 피난민 수십만 명이 방콕 난민 수용소에 있는 관계로 한국 외무부에서 베트남에서 나오는 가족을 받아 준다는 입국 허가서를 받으면, 태국 통과 비자를 발행하여 줄 수 있다고 하였다. 나는 가족의 한국 입국 비자를 받기 위해 1977년 다시 한국을 방문하게 되었다.

한국을 방문해서 가까스로 가족 3인의 한국 입국 비자를 받았다. 그때 아는 지인으로부터 한국 외환은행이 동아일보에 광고를 내어 나를 찾고 있다는 전갈을 받아 외환은행에 연락했다. 본사를 방문해 달라고 했다. 외환은행에서 마지막 사이공 지점장을 했던 사람이 인천 지점장을 하고 있어 반갑게 상면해 외환은행 본사에서 나를 보자고 한 이유를 알게 됐다.

첫 번째는 1975년 월남 패망 직전 마지막 외환은행 사이공 지점에 내 회사 명의로 입금한 베트남 화폐를 트럭에 실어 우리 회사로 보냈는데, 그 돈은 휴지처럼 무용지물이 되고 말았지만 한국 정부의 법이 변경되어 한국 국민이 예금한 금액은 외국에서 그 나라가 망해도 한국 정부에서 전액 보상해 주게 되었다는 설명이었다. 그 지점장은 자신도 법이 변경된 사실을 인지하지 못한 상태에서 발생했던 실수라고 해명하며, 본인의 과오를 깊이 사과했다.

두 번째 이유는, 뜻밖에 우리 회사가 베트남에서 마지막으로 수행한 비엔호아 비행장 공사 수행 보증금으로 미국 정부에 예치되었던 공사대금의 3%의 금액이 미 정부로부터 도착했기에 나를 찾기 위해 광고를 냈다며, 그 금액이 나왔으니 찾아가라는 것이었다.

며칠 뒤, 권 형을 서울에서 다시 만났다. 토끼가죽 가공 사업은 안타깝게도 실패해서 지금은 천안 씨올 농장에서 함께했던 지덕호 형의 양계장에서 일을 돕고 있는데, 자금이 뒷받침되면, 전국적으로 양계 유통 사업을 해 보고 싶다고 하였다. 외환은행에서 받은 자금을 권 형에게 넘겨주고, 양계 유통 사업을 잘해 보라고 격려한 후 헤어졌다. 나는 호주로 돌아와서 가족이 월남에서 나오는 일을 기다리게 되었다.

1978년 초에, 드디어 가족의 월남 출국 비자를 받고 방콕에 나와서 호주에 입국하게 되었다. 마침내 가족이 한곳에 모여 새로운 터전을 시드니에서 시작하였는데, 영어 실력이 부족하고 무일푼 신세로 할 수 있는 일은 사는 동네의 가정집 청소뿐이었다. 아주 작은 집 방 한 칸을 얻어, 침대에는 작은 두 딸이 자고, 우리 부부는 바닥에서 자면서 열심히 청소 일을 하며 호주에서의 삶을 꾸려 나갔다.

친구를 위한 마지막 선물

호주에서 몇 년 지낸 후, 고향 부모님 산소에 성묘도 하고 형제자매들도 만나 보고 싶어 호주 시민권을 받았다. 처음으로 한국을 방문해 대부분의 일을 마치고 호주로 떠나기 며칠 전에 씨올모임 사람들을 만나 식당에서 저녁 식사를 했다. 그 자리에서 권 형을 다시 만나게 되었다. 권 형이 양계 유통 사업도 실패하고 서울 방학동 길가에서 부부가 호떡 장사를 하면서 생활하고 있다는 말을 들었다. 씨올모임 친구들에게 권 형은 우리 씨올모임의 함 선생님과 뜻을 같이한 마음의 동지인데, 이처럼 밑바닥 생활 하는 걸 남의 일 보듯 방관만 하는 이 무심한 한국 인심이 매우 존경스럽다고 말했다. 권 형에게는 그렇게 서울에서 어렵게 살 바에는 아직 호주에 기반이 없지만 그래도 호주로 가서 열심히 생산적인 일을 해서 우리 같이 새로운 씨올농장을 호주에 건설하는 게 어떻겠냐고 제안했다. 그러자 씨올모임 사람들이 좋은 생각이라며 권술용은 한국 실정에 안 맞는 사람이니 호주에서 사는 편이 좋을 것이라 찬성하였다. 내가 호주에 돌아가서 권 형 가족을 초청하기로 하고 그날 모임을 마쳤다.

그런데 그다음 날 아침에 김말순 여사가 호텔에 찾아와서 말했다. "나는 호주에 가는 것을 반대합니다. 지금까지 송 선생한테 많은 신세를 지고 살아온 것도 부담인데 우리 가족이 영어도 안 되고 호주에 따라 들어가서 송 선생에게 무거운 짐이 되는 일은 사양하겠습니다." 그렇게 입장을 밝히니 난감했다. 그다음 날 안반덕 씨올농장팀 식구들만 다시 만나 권 형 일에 대해 의견을 나누었다. 초창기에 씨올농장에서 일했고 홀트아동복지회 책임자로 있던 김종태 씨가, "권 형에게 딱 맞는 일이 하나 있다."라고 했다. 내가 그 일이 무엇이냐고 물으니, 지금 대전에 한 고아원이 매물로 나왔는데, 매물 가격이 1억 3천만 원이고, 송 사장이 1억을 지원해 줄 수 있다면, 자기가 3천만 원을 만들어 함께 고아원을 인수하여 운영하면, 권술용에게 가장 맞는 일이 될 것이라고 했다.

고아원을 사고판다는 말도 뜻밖이고 그동안 고아원 비리도 많이 들어 제안을 탐탁지 않게 생각했다. 하지만 권 형의 의향을 물으니 그는 "기회가 되면 고아들을 돕는 일을 하고 싶었고 그게 가능하다면 하고 싶다."라고 말했다.

호주에서 한국으로 떠나기 전, 집사람이 우리 부부

가 지난 몇 년간 청소해서 호주화 10만 달러를 모았는데, 그 돈이면 시드니에서 괜찮은 집을 하나 살 정도이니, 집을 알아보겠다고 말하며 내 의견을 구했다. 나는 "당신이 원하면 그렇게 하시라." 말했다. 집사람은 시드니에서 살 만한 집을 알아보기 시작했다.

이런 상황이라 무거운 마음으로 시드니에 돌아와서 서울에서 있었던 권 형과의 일을 설명하고 어떻게 하면 좋겠는지 집사람의 의견을 물었다. 집사람은 한참 동안 말없이 앉아 있다가 눈물을 뚝뚝 떨구었다. 내가 놀라서 "당신이 반대하면 없었던 일로 하자, 눈물까지 흘릴 일은 아니다."라고 말했다. 그런데 집사람이 "당신의 친구가 어려움에 빠졌다고 하니 어떻게 우리 욕심만 차리겠는가. 그 돈을 미스터 권에게 주고 우리는 또 열심히 일해서 돈을 모아 집을 사자."라고 했다.

나는 부인의 그런 마음을 고마워하며 다음 날 은행에 가서 서정웅 씨에게 호주화 10만 달러를 송금했다. 송금할 때 환율을 확인해 보니 호주화 10만 달러는 한국 돈으로 9천 8백만 원이었다.

그 뒤로 씨올모임 친구들로부터 전화로 종종 소식을 들었다. 권 형이 가족과 같이 대전으로 내려가서 고아원 이름을 "평화의마을"로 바꾸고 모범적이며 희생적으로 활동하여 많은 사람으로부터 지지를 받고 있다는 소식이었다. 그뿐만 아니라 충청남도와 대전시 등 지방정부로부터 여러 복지 사업을 위탁받아 성장해 간다는 소식도 있었다. 흡족하게 생각하며 앞으로 평화의마을이 씨올모임의 기반이 될 수 있기를 기대했었다.

평화의마을을 인수하면 전체 운영을 권 형이 맡을 것으로 생각했는데 뒤늦게 알고 보니 상황이 그렇지 않아 크게 실망하고 분노하였다. 하지만 권 형의 노력으로 평화의마을이 전국적인 명성을 얻게 되었고 권 형이 어디서든 좋은 평가를 받고 있다는 소식을 들으며 다만 평화의마을 법인이 잘 운영되기를 바랄 뿐이었다….

진짜 바보

내가 보고 판단한 권 형은 함 선생님이 말씀하신 대로 진짜는 진짜인데 좀 더 정확한 표현은 그는 '진짜 바보'가 맞는 표현이다. 나나 권 형은 태생이 시장경제 체제에서 치열한 경쟁을 치르며 살아가기에는 모자라도 많이 모자란 불량품으로 태어났다. 이런 두 바보가 만나 한쪽은 타인이 어려우면 자신을 불살라서라도 도와줘야 하는 바보이고, 그 바보가 장사나 사업을 하여 망할 것을 열도 백도 알면서도 땀과 눈물이 젖은 돈을 넘겨주고 행복해하는 다른 바보가 있었다. 그들이 서로 만나서 한바탕 펼친 '바보놀이' 여정을 마무리하며, 두 바보의 인연을 묶어 준 함 선생님께 감사드리고 짝꿍이 되어 준 권 형에게 한없는 애정을 느낀다. 가능한 한 빠른 시간에 이 생을 마치고 내생에서 권 형을 만나 바보놀이를 다시 할 수 있기를 기대하면서 이 글을 마친다.

3. 술용이 만세!

문대골(목사, 친구)

권술용 만세!
권술용 만세!
권술용 만세!

친구 술용이.

나 대골이가 지금 자네 만세를 불렀네. 세상에 장례식장에서 만세 부르는 놈, 자네 어떻게 생각하는가? 보통 하는 생각대로라면 조금은 또라이라 하지 않겠는가?

그런데 친구, 자네와 내가 이제까지 우리 생의 길잡이였고 앞으로도 그럴 것이라고 믿는 우리 함석헌 선생님 말일세. 1975년 8월 17일, "한국현대사의 등애"였다고 해도 조금도 과언이라 하지 않을 장준하 선생이 그 어처구니없는 '살정치(殺政治)'의 제물이 되어 약사봉의 비암(悲岩) 아래 누우시지 않았는가?

선생님은 그날 퀘이커 친우들과 함께 말씀모임을 갖고 집에 돌아와 몸을 씻고 잠자리에 드셨는데, 갑자기 전화가 걸려 오더니 "선생님, 장준하 선생이 돌아가셨습니다!" 하고 알려 주더라네. 전화를 한 사람은 장준하 선생의 동서가 되는 유경환 씨였다지. 선생님은 바로 자리를 털고 일어나셔서 면목동 상가로 달려가셨다는 건데. 친구, 그런데 말일세. 장 선생님의 장례는 명동 천주교 성당에서 치르게 되었는데, 그 발인식에서 선생님이 추모사를 하게 되었다는 것 아닌가?

조객들이 무슨 말씀을 하시려나 주시하는데 기가 막힌 사건이 일어났다는 거 아닌가? 약간 뜸을 들이신 선생님이 어떻게 하셨다는 말, 자네 들은 이야기 있는가?

놀라지 말게.

장준하 만세!

장준하 만세!

장준하 만세!

장준하 만세삼창을 하시더라네.

친구, 선생님이 묘지를 향하는 장준하 선생의 영전에서 장준하 만세를 부른 이유가 무엇 때문이었겠는가?

"장준하는 죽지 않았다."라는 거였지. 장준하 선생은 아주 자유롭게 삶과 죽음 사이를 오가신 분이었으니 말일세.

친구, 자네 친구 대골이 자네 만세 부른 것이 선생님 따라 한 것이라 알게나.

이 친구 역시 자네는 죽을 수 없는, 죽음과 삶을 오고 가는 사람이었으니 말일세.

친구 술용이, 내가 자네를 처음 만났던 곳, 만났던 날을 나는 선연히 기억하고 있다네. 자네도 기억할지는 모르겠는데 1965년 4월이었지. 우리 선생님의 꿈자리였던 강원도 고성군 간성면 노천리 안반덕 씨올농장 말일세.

우리들의 생활 밑자리는 김종태 형님께서 몸뚱이 하나로 지으셨다는 통나무집이었고, 그 통나무집 바로 곁에 작은 바위 하나가 있었지. 아주 이른 아침이었어. 아직도 어둠이 가시지 않은 때였다고 기억되는

데, 내가 아침 준비를 하려고 일어나 밖을 나가 보니 자네가 그 바위에 걸터앉아 밝아 오는 하늘을 우러르며 한 찬송 부르고 있었지.

저 높은 곳을 향하여 날마다 나아갑니다
(중략)
그곳은 빛과 사랑이 언제나 넘치옵니다

자네는 그렇듯 저 높은 곳을 노래하고 있었네. 저 높은 곳을 향하여 날마다 기도합니다! 라고.

친구, 그런데 말일세. 바로 그 후에 그 찬송이 함석헌 선생님의 애창곡임을 알게 되었어.

농장에 오시면 "저 높은 곳을 향하여 날마다 나아갑니다." 하셨지. 그런데 그 이후 50년하고도 몇 해를 더 넘는 세월 동안 자네 곁에 있으면서 자네를 통하여 놀라운 사실을 발견했다네.

저 높은 곳을 찾던 자네가, 저 높은 곳을 노래하며 그곳에 서게 해 달라고 부르짖던 자네가 저 높은 곳이 아닌 바닥살이를 천직으로 삼고 있더라는 것일세.

자네가 한 말 잊을 수 없다네. 내 말이 그랬지?

"야, 이 바닥까지 왔구나."

"바닥이 하늘이지…."

자네의 대답이었어.

"바닥이 하늘이라!"

나는 정말 놀랐었네. 말로야 누가 못 하겠나. 몸이 하는 말이어야 하는 것 아닌가. 나는 그날 밤의 자네를 잊지 못하네. 바닥을 하늘로 체험한 사람을 말일세.

내 친구 술용이, 자네는 실로 위대를 넘어 거룩하이….

하늘과 땅을 잇댄 사람, 바닥을 하늘에, 하늘을 바닥에 잇댄 사람, 그래서 죽음과 삶이 별개가 아님을 말한 사람.

큰 놈과 작은 놈이, 센 놈과 약한 놈이 하나임을 몸으로 말한 사람….

내가 어찌 '권술용 만세'를 아니 부를 수 있겠는가?

친구, '씨올(民衆)'을 우리에게 안겨 주신 함석헌 선생님 뵙거든 그래도 이 친구 소식 한마디쯤 전해 주시게나.

4. 친구란 누구인가[1]

권술용

퇴직 열흘 앞두고 베트남행을 결행하였다. 3년을 앞당긴 조기 퇴임을 불과 열흘 앞둔 마무리로 금쪽같은 하루하루인데 평생의 은인이요 친구인 송용등 사장이 쓰러졌다는 소식을 접했다. 고심하다가 어려워도 지금 가 보지 않으면 두고두고 밀려올 후회를 어떻게 감당하리….

마지막 달 월급을 털어서 12월 21일, 드디어 나흘간의 굵고 짧은 베트남행을 결행하였다. 어려울 땐 단순명료해야지…. 무 자르듯 단칼에 베어 버리면 복잡할 것 하나도 없었다. 세상사 늘상 그런 것이었다.

6시간여의 밤 비행 끝에 호치민 공항에 마중 나온 지덕호 사장을 만나서야 경증인 것에 안심할 수 있었다. 이미 치료가 많이 진행되었고 이제 한 달쯤 더 치료하면 거의 완쾌될 것이었다.

---

[1] 출처: 다음 카페 '늙은전사의 노래'

산골 오지에서 맺어진 친구들….

이제부터 40여 년 전부터 시작된 소설 같은 친구에 대한 이야기를 하고자 한다. 언젠가는 전설 같은 이야기를 남겨야겠다고 생각했는데 이번 '4일간의 베트남행'이 계기가 된 것이다.

강원도 고성군 간성면 소천골에서 한참이나 올라간 최고의 오지 안반덕에서 '씨올개척농장'을 시작한 1961년 3월 31일 아침, 묵은 화전밭을 개간하다 산불로 옮겨붙고 말았다. 자수를 결의하고 제일 어린 '늙은전사'가 대표(!)로 교도소를 다녀왔다. 그 후 바로 군에 입대했다. 제대를 마치고 안반덕으로 들어가지 않았다. 동해안 최북단 마을에서 토담집 짓고 야학을 하는 동안 김종태, 김복관 선생님이 오래도록 지치고 지쳐 새 일을 위해 차례로 안반덕을 떠난 후에도 젊은이들이 붉은 열정 하나로 한두 명씩 들어와 있었다. 나중엔 김신조 사건으로 비운의 철수를 당하고 말았지만….

야학을 하면서도 100여 리 상거인 안반덕을 한 해

에 여러 차례 올라가 보곤 했다. 박세정 씨와 함석헌 옹께선 흰 두루마기 날리시며 일 년에 두어 번씩 내려오시기도 했다. 안반덕과 소천리의 '선혜학원'(소천골 외진 산골 소천리에 이화여대를 졸업한 이혜숙 선생이 창립, 후배 박정순, 곽분이 선생들이 이어 옴)을 거쳐 대진의 '향우학원'에도 오셔서 토담집에 묵어가시곤 했으니….

지금은 '왕 사기꾼'인 늙은전사의 20대 중후반의 젊은 시절엔 종일 아무도 없는 산골의 외롭기 그지없는 그들의 눈엔 언뜻 천사(?)같이 보였을 수도 있었겠지만….

어쨌든 모두 1940년생 동갑내기로 이날까지 각별한 평생 친구가 되었으니….

문대골 목사는 33년간 상계동 생명교회 개척 후 5년 전에 조기 은퇴하고 종로5가 기독교회관 8층에 '한국기독교평화연구소'를 연, 재야 인권운동 선봉장 원로이다.

송용등 사장은 북한, 러시아 등 그리고 공산 베트남의 최초 교역을 연 주인공이자, 지금 개성공단 북한주민 급여 물품 지불 회사, 개성 관광, 북한 광산 장비 지원, 협동 농장 생산품 유통 등 4개의 개성시와 로바나 합영 회사를 운영하고 있으나 지금 최악의 북한사태로 계속 어려움을 겪고 있다.

박세정 도사는 이름 그대로 세상을 바로잡겠다고 했으나 뛰어난 재능들을 제대로 쓰지 못하고 고문을 당해 불편한 몸으로 평생 독신 유랑자로 강산을 떠돌고 있다.

친구란 무엇인가.

친구 송용등은 제대 직후 걸어서 광주에서 서울 용산구 원효로4가 70번지 함석헌 옹을 찾아뵙고 강원도 안반덕으로 왔다. 그 후 계속된 실의와 간고의 안반덕 개척지를 떠나 파월 기술자로 떠나면서 만나기를 요청하여 만났다. 그러자 그는 '권 형! 내가 파월 기술자로 베트남에 가서 돈을 벌어 보낼 테니 신학이나 농학을 공부하면 어떻겠냐?' 하는 것이었다.

아직 친한 사이도 아니었고, 학력도 없고, 절실하지도 않아 거절했더니, 그러면 강원도에서 못 이룬 이상향의 농장을 해 보라는 것이었다. 그러나 미덥지도 않고 하여 듣고만 있었는데 계속 엽서가 오더니 결국 서울로 이사한 후 소식이 끊겼다.

오랜 후에야 안 일이지만 6개월 만에 5,000불을 송금했는데 이사를 하여 반송되었다고 하였다. 그는 베트남에 측량 기사로 갔으나 돈을 모아 발군의 능력을 발휘하여 건설, 수산물, 국제 고철, 최초의 베트남 새우 양식 등 무려 6개 분야에서 떼돈을 벌었다. 그로써 벤츠를 굴리는 등 당시 베트남 교포로 최고의 부를 얻었으며, 9년 만에야 일시 귀국을 했다. 그러나 나를 찾지 못하고 돌아간 이후 급변한 패전으로 너무 늦게 5배, 10배 비싸게 금덩이를 사 모았다. 긴박하고 극심한 혼란 속에 베트남 아내와 두 딸을 놓치고 양손에 든 금덩이 가방도 대사관 옥상에서 던져 버렸다. 홀몸만 미 대사관 옥상에서 헬기로 마지막 괌으로 가는 미 해군함을 타고 괌 난민 수용 캠프에 도착했다.

괌 캠프 수용소에서 허리띠에 숨겨온 금 3K를 시트를 뜯고 숨겨 둔 것을 도난당한 사건이 당시 동아일보의 괌 수용소 이야기에 실린 적이 있었고, 10년 만에 서울서 재회했다.

그는 가진 돈 25,000불을 내게 주면서 권 형이 하고 싶은 일을 해 보라고 했다. 서울 남대문 시장 지하도에서 한 달 가까이 걸려 암 달러로 바꾼 당시로는 큰돈이었다. 수원 파장동에 '한얼모피' 공장을 차렸으나 경험도 수완도 없이 폐수 문제까지 겹쳐 2년여 만에 문을 닫았고 충격으로 아내마저 병들고 말았다. 왜 그때 그 큰돈으로 넓은 농토를 살 생각을 못 했을까…. 지금도 불가사의하다.

몇 년 후 송 사장은 '그때 계획 없이 돈을 줘 고생하게 해 미안하다.'라고 했다. 스위스에 6개월이나 머물며 국제 적십자사에 탄원하는 등 보트피플로 가족들을 재회하고 갖은 바닥 일부터 시작해 다시 사업을 일으켰다. 대외 교역이 단절된 공산 베트남에 수산물 교역을 열어 주고 북한에 최초로 교역을 시작하여 원산 앞바다에서 남북 어민들 150명이 공동 조업으로 명태를 잡는 신기원을 이루었다. 북한의 마을마다 통신소를 추진하는 등 북방(러시아 등) 교역을 열어 물 반, 고기 반이 아니라 고기가 80%인 장비로 그냥 퍼 올리는 수산업 백화점 등을 하였다. 하지만 병을 얻어 오래 쉬었고 지금은 호주, 베트남, 북한 일을 하고 있는데 난제들이 겹쳐 쉽지는 않은가 보다.

이후 1986년 12월, 호떡 장사 시절 송 사장이 다시 10만 불을 내서, 김종태 원장님과 함께 대전애육원의 부채를 갚고 총무로 일할 기회가 되어 오늘의 평화의마을로 발전하는 계기가 되었다. 15년이나 지난 후인 5년 전에야 '그 돈은 베트남에서 빈손으로 호주 이민 초기 택시 운전, 청소, 꽃 배달 등으로 우리 부부가 막 일을 한 액수'라며 '한국에 어려운 친구를 위해 보내자.'라고 설득하여 아내가 눈물을 흘리며 동의해 보낸 것임을 알게 되었다. 세상에 자선가도 많고 하지만 전쟁으로 망해 간신히 남긴 돈을, 이민 초기 2년여의 세월 동안 부부가 막일해 모은 돈 전부를 털어 주는 일이 있을 수 있는 일인가……

그리고 문대골 목사도 이 모자라는 친구를 반월공단 천막촌에서 끌어내 상계동에 단칸방과 호떡 장사 기기와 재료비, 생활비를 교회 일수 하시는 집사께 빌려다가 주고, 양성 과정을 이수했던 아내를 생명교회 교육 전도사로 일하게 해 주었다.

그뿐인가, 더욱 결정적인 것은 어릴 때부터의 김종태 선생님의 씨올농장, 안반덕 개척 농장, 대전 평화의마을 일터 등으로 지원하고 이끌어 주심으로…. 그리고 또 수많은 친구, 지인들의 도움으로 훨씬 이전부터는 물론, 이후 평화의마을 21년의 부귀영화를 누릴 수 있었음을….

좀 더 근본적으로는 하늘로부터 내리는 끊이지 않은 은혜의 단비로 지금까지, 앞으로까지 은총 속에서 살 수 있음을…!

 자발적이든, 비자발적 가난이든, 가진 것이 땅에 바늘 하나 꽂을 데 없는 것 같으나 이미 너무 많이 가지고 있음이여.

 그리고 그것을 순명으로, 은총으로 받아들이려는 텅 빈 마음에 감사하면서….

 그래 친구란 무엇인가, 천둥벌거숭이로 모든 것을 던져 준 친구, 나는 그렇게 온전히 던진 누구의 친구였느뇨….

 '아남 카라(anamcara)' 영혼의 동반자였느뇨?!

2008. 12. 28.

5. 씨올농장의 젊은이들

지덕호(친구)

암울했던 1960년대

그 시절을 살았던 이들은 모두 알고 있듯이 나라 전체로 보면 일제 36년간의 수탈로 인해 헐벗은 국토와 지친 국민이 그 싸인 한숨을 돌이킬 틈도 없이 닥쳐온 동족상잔의 6·25 전쟁으로 인해 겹친 어려움으로 그 생활환경은 말할 것도 없고, 아직 상당한 국민이 그 식생활마저 미국 잉여농산물 원조에 도움을 받지 않을 수 없는 시대 상황이었다.

그 시절 나라 경제는 75% 이상의 국민이 농업에 종사하며 생업을 꾸려 나가야 했다. 돌이켜 보면 이 좁은 국토, 그나마 국토의 70% 이상이 산지로 되어 있는 나라에서 조밀한 인구가 농업으로 그 생계를 꾸려 나가야 했으니 그 삶이 얼마나 고달팠겠는가.

또한 그 시절, 왜 그렇게 가뭄은 잦고 심했는지, 목

구멍이 포도청이라고 가뭄으로 농산물 수확이 감소하면 전례의 보릿고개가 우리의 삶을 고통스럽게 하던 시절이었다. 지금 돌이켜 보면 정말 금석지감을 느끼게 하는 시대 상황 안에서 젊은이들의 미래는 암담했고 고뇌는 심각했다.

꿈 많던 시절

그럼에도 불구하고 나는 대학 시절 도산 안창호의 흥사단 운동에 심취해, 이 나라와 이 민족의 장래가 나의 두 어깨에 메여 있다고 생각했다. 이 나라의 경제 부흥은 '농촌 부흥 운동으로부터' 시작되어야 한다는 확신으로, 농촌으로 돌아가 그 일에 앞장선다는 생각으로, 나름의 준비를 하여 서울 생활을 청산하고 고향 천안으로 돌아와 내 나름의 계획에 따라 일을 준비하던 때이다.

어느 주일날 교회의 주일 예배를 마치고 교회 문밖을 막 나서는데 나에게 다가와 인사를 청하는 사람이 있었고 그이가 오늘의 권술용 형이었다. 몇 주 전부터 나를 눈여겨보고 만나고 싶었는데 내가 교회 예배가 끝나기 무섭게 사라져 만날 수 없었노라며 인사를 청했다.

하기야 오늘날은 동네마다 한 집 건너 교회가 있으니 교회를 다닌다거나 신앙을 갖는 일이 아무런 대단한 일이 아니겠지만 그 시절만 하여도 천안 시내에 감리교회가 둘밖에 없었다. 더욱이 새파란 젊은이가 교회에 얼굴을 보이기 시작했으니 관심 가지게 되는 것도 그럴 만한 일이었을 것 같다.

그래서 둘은 장소를 옮겨 이런저런 이야기를 나누었다. 권 형은 자기는 씨올농장에 속해 있고 그곳은 자기 외에도 몇몇 젊은이들이 함께 농사일을 하고 있으니 가까이 지내며 살아갈 수 있으면 좋겠다며 친근감을 보여 왔다.

그리고 몇 주 후 교회 주일예배 후에 권 형과 씨올농장으로 가 농장의 유래와 하는 일에 대한 소개를 받고 그곳에서 함께 일하고 있는 분들과 인사를 나누었다. 그 시절 나는 도산 안창호의 흥사단 운동에 심취해 있어, 사상계 잡지를 통하여 함석헌 선생님이 어떤 분인가는 알고 있었지만 그분이 천안에 씨울농장을 운영하고 있다는 것은 그때 비로소 알게 되었다.

양계 사업의 첫발을 내디디다

그 시절 나라의 경제 상황은 공업 입국이라는 말이 탁상 위에서 논의되기 시작하던 시절이었다. 수입 대체 산업 육성과 노동 집약 산업인 섬유산업 발전 계획 등이 논의되던 시절로, 수출입국 같은 것은 듣도 보도 못했다. 대다수 국민의 75%가 종사하던 농업 생산성 향상과 농촌 경제 부흥만이 우리의 살길로 알고 노력하던 세계 최빈국 중의 하나였던 때이다.

나는 그 시절 농가 경제 부흥을 내 손으로 일으켜 그 결과가 농촌 경제 부흥으로 발전할 수 있도록 하겠다는 내 나름의 계획을 세우고 고향 마을로 돌아왔다. 그 구체적인 방법으로 새로운 양계법을 이용하여 농가 소득 향상을 통해 그 목표를 달성하겠다는 생각이었다. 이듬해 이른 봄에 신품종 산란계 병아리 300마리를 기르는 것으로 그 첫발을 내디뎠다.

그 병아리 크는 재미에 빠져 불철주야 노력하던 때, 어느 주일날 교회에서 권술용 형을 다시 만났다. 권 형 말씀이 오는 토요일 저녁에 씨올농장에서 함석헌 선생님 집회가 있으니 참석할 수 있으면 좋겠다는 초청이 있어 그 집회에 참석하게 되었다. 그 자리를 통하여 글로만 만날 수 있었던 함 선생님을 뵙게 되었다. 그 외의 유명 인사들을 여러분 함께 만날 수 있어 영광스럽고 인상 깊은 시간이었다. 더욱이 그 자리에서 내가 천안 출신이고 더욱이 농촌 운동에 뜻이 있는 청년이라고 소개되니, 그 자리에 있는 많은 분이 고맙다 하며, 찾아보면 그런 좋은 뜻을 가지고 있는 젊은이들이 지역에 더 있을 수 있고, 그런 이들을 찾아내 함께 일할 수 있으면 좋지 않겠느냐는 이야기가 있었다. 나는 그 이야기를 귀담아들었다.

그리고 나는 내 친화적이지 못한 성격 탓도 있고 처음 시작한 양계 사업이라, 닭이 자라 감에 따라 준비할 일도 많고 하여 한동안 권 형과 만나지 못했다. 그러던 어느 날 권 형이 내 농장을 방문하여 이런저런 이야기를 나누었다. 본인이 자필로 직접 쓴 자신의 군 입대 전 생활을 다큐멘터리 형식으로 쓴 글이라며, 한번 읽어 보라며 주고 갔다.

글의 내용은 권 형이 십 대 후반 이십 대 초에 고향 강원도 고성군 안반덕 산중에서 농촌 개척을 한다며 겪은 여러 가지 고통과 실패와 좌절을 글로 써 내려간 짧지 않은 글이었다. 그 글의 내용이 당시 나에게는 큰 충격이었고, 권술용이라는 사람을 다시 보게 하는 사건이었다.

나는 여러 번 그 글을 곰곰이 깊이 있게 생각하게 되었다. 권술용이라는 인간에 감명과 매력을 느끼게 되었다.

나의 농촌에서의 첫 사업인 양계는 순조롭게 진행되어 계란 생산도 시작하였다. 그 생산된 계란을 자전거로 소매상과 소비자에게 직접 배달하게 되면서 수익성도 꽤 짭짤하였다. 권술용 형을 비롯하여 많은 이들이 양계 사업에 관심을 가지는 계기가 되었다. 우리는 한 걸음 더 발전적인 생각을 나누게 되었다.

씨올농장

'잘사는 농촌'이 나의 꿈이자 목표였다. 그 꿈의 실현을 위해 귀향하여 그 구체적인 실현을 위해 양계 사업을 시작했다. 그런데 내가 권술용 형을 만나고 보니 이분은 농촌 활동에 있어서 나의 대선배이자 벌써 많은 경험을 가지고 계셨으며, 또 이웃하여 이런 분이 계신다는 것이 나에게는 큰 행운이었다. 또 뜻을 함께할 수 있는 동지를 가까이에서 얻을 수 있어 다행이었다.

더욱이 권 형을 통하여 함석헌 선생님과 씨올농장에 대하여 조금씩 깊이 있게 알아 감에 따라 나는 씨올농장이 가지는 의미를 새기었다. 그곳에 함께 일하고 계시는 여러 선생님이 존경스러웠다. 그분들과 함께 뜻을 같이하여 시대가 요구하는 농촌 운동을 함께 하기로 가닥을 잡아 가게 된다.

그 시절 내가 알게 된 씨올농장은 한 만여 평의 사과 과수원이 있었고 앙고라토끼(털을 깎아 털실을 생산하여 모직 섬유를 만드는 원모를 생산하기 위해 사육하는 토끼)를 사육하고 있었다. 함석헌 선생님의 사상과 그 하는 일에 동참하기 위해 전국 각지에서 모인 여러 젊은이가 함께 일하며 배우는, 공동체의 생활을 하고 있었다.

본래 씨올농장이 당시 천안시 봉명동 40번지에 있게 된 유래는 정만수라는 분이 계셨는데 이분이 함석헌 선생님의 사상과 하시는 일에 대해 깊은 감명을 받았다. 이분이 소유하고 있던 큰 농장 부지를 함 선생님께 드려 함 선생님이 가지고 계시는 뜻을 펼쳐, 어려운 처지에 있는 국가와 민족을 어려움으로부터 구할 수 있는 터전이 되기를 바라며 함 선생님께 드렸다. 함 선생님은 정만수 님의 뜻을 고맙게 받아들였다. 초기에는 선생님이 이 땅에서 직접 농사를 지으시며 이곳에 찾아오는 뜻있는 젊은이들을 맞아 가르치며 국가와 민족의 장래를 위해 언론 활동을 펼치셨던 현장이었다고 한다.

내가 관계를 맺게 된 60년대 중반에는 함 선생님은 서울에 거주하시며 매달 한 번 정도 천안에 오셨다. 함 선생님을 흠모하며 뜻을 같이하고 함께 일해 오신 김복관 선생님이 씨올농장 공동체의 책임자로 일하고 계셨고 그 외 권술용 형을 비롯한 몇몇 젊은 이들이 함께 일하고 있었다.

그 시절 우리 농촌 살림이 다 그러하듯 씨올농장의 형편 역시 윤택하지 못했고 그러하다 보니 하는 일 역시 활발치 못한 형편이었다.

천안 씨올모임 탄생

권술용 형과 씨올농장에 대한 신뢰와 매력이 깊어짐에 따라 만나는 횟수가 잦아졌다. 우리들의 꿈인 농촌 개발과 부흥에 대해 함께 논의하여 가는 과정에서 자연스럽게 김복관 선생님께서 천안 지역에서 농촌 일을 하며 우리와 뜻을 함께할 젊은이들을 찾아 힘을 키우고 더 적극적으로 일할 수 있는 무대를 넓혀 봄이 어떠하겠느냐는 제의가 있었다. 그 제의에 따라 권술용 형과 내가 나서 그럴 만한 사람을 찾아 나서게 되었다.

그 첫 번째 결실이 정일영 형이었다. 이분은 당시

서울대 농대 축산과를 마치고 자기 집에서 부화장을 하고 있었다. 그분은 우리의 뜻을 반기며 적극 참여하여 또 다른 동지들을 만나는 일에 힘을 보태어 그 덕에 양현모, 유의영, 최근식 등 이런 분들이 뜻을 같이하기로 했다. 여러 차례 만나는 횟수가 거듭되고 열의들이 더해 가면서, 함석헌 선생님께서도 이 일에 깊은 관심을 가지고 격려하여 주셨다.

그러함에 따라 이 모임이 자연스럽게 천안 지역 농촌 부흥을 목표로 하는 작은 단체의 모습을 띠게 되고, 그 이름을 천안 씨올모임이라 하고 그 일을 만들어 가는 지도자로 김복관 선생님을 모시기로 하였다.

나를 비롯한 회원 대다수는 각자 처해 있는 여건에 따라 과수 농사, 축산 등 농업에 종사하고 있었으므로, 또 이 일의 성격상 자연스럽게 씨올농장이 주무대가 될 수밖에 없었다. 그러다 보니 자연히 권술용 형이 이 일의 실무를 맡으시어 일을 추진하게 되었다.

그리하여 천안 씨올모임이 공동 사업으로 추진한 첫 사업이 공동 투자에 의한 산란계 500수를 기르는 양계 사업이 되었고, 그 당시로는 작은 사업이 아니었다. 지금은 여러 가지 좋은 값싼 건축자재들이 많아 적은 투자로도 쉽게 일을 추진할 수 있지만, 그 당시 우리의 실정은 그러하지 못했다. 적은 투자로 어느 정도 규모를 갖춘 양계장을 가지려니 대나무로 비닐하우스를 짓고, 그 위에 짚으로 이엉을 엮어 얹어 양계장을 만들었다. 그러니 눈이 오나 비가 오나 많은 문제가 생길 수밖에 없었고, 그 일을 실무적으로 담당하고 있던 권술용 형의 어려움이 컸다. 당시 권 형은 막 신혼 초였고, 또 이런 공동 사업에 신바람이 나는 성격이라 어렵다는 불만 한 번 없이 그 일을 담당하여 주었기에 천안 씨올모임이 뿌리를 내리는 일에 그 버팀목이 되셨다.

천안 씨올모임이 씨올농장을 무대로 농촌 부흥 운동의 첫발을 내디딤에 따라 자연스럽게 천안 지역, 사회 발전 사업에도 우리 천안 씨올모임이 여러 가지로 관심과 노력을 기울여 나가게 되었다.

농산물 제값 받기 사업 금지게 운동

당시 농촌 운동의 방향이 농업 기술 개발과 보급을 통한 농업 생산성 향상과 생산된 농산물의 제값 받기 운동을 통하여 농가 소득 향상으로 진행되어 갔다. 서울 건국대학교 재단 이사장인 유석창 박사가 우리나라 농업과 농촌에 깊은 관심과 뜻이 있어 농민 단체인 전국농업기술자협회를 만드셨다. 유달영 박사는 그 협회 총재를 맡으시어 매년 건국대학교 여름 방학 기간에 맞추어 전국 농민들을 상대로 건국대학교에서 '농민 대학'이라고 이름하여 농업 기술 보급과 새로운 정보 교환에 힘쓰셨다. 우리 천안 씨올모임 역시 그 일에 적극 참여하여 농업 생산성 향상에 힘을 기울여 나가게 되었다.

한편 농업 생산성 향상을 위한 노력과 생산된 농산물의 제값 받기 운동 역시 전국농업기술자협회가 주도하였다. 당시 전국 농산물의 총집합장이라 할 만한 서울 청량리 야채시장에서 금지게 상회라는 야채 위탁 판매 사업을 시작하게 되었다. 그 일에 역시 씨올농장이 적극 참여하여 힘을 합하기로 했다. 그 일을 위하여 권술용, 공병택, 서상선 선생님이 상경, 서울 청량리 일원에서 야채를 손수레에 싣고 소비자를 찾아 나서는 야채 장사꾼으로서 한여름을 보내게 되었다. 그 일에 많은 에피소드와 눈물겨운 일화들이 많았다.

이런 우리의 노력과 뜻과 경험이 20~30년 후 우리나라 유기농 농법을 만들고 오늘까지 그 보급을 위해 노력해서 정농 운동과 농산물 직거래 매장의 모태인 '정농회'와 '한살림'이 되었다는 것을 아는 사람은 많지 않다.

또 어느 해인가는 우리가 기른 닭고기가 값이 폭락하여 양계 사업이 중요한 위기를 만나게 되었을 때였다. 그해 여름 우리는 대천해수욕장에 학사주점이라는 닭튀김 가게를 열고 여름 피서객을 상대로 오늘날로 말하면 치맥 장사를 했다. 그 과정에서 판매된 치킨이 잘못되어 식중독을 일으켰다며 소란이 벌어지는 등 과연 우리의 '젊은 날의 민낯'이라 할 수 있는 웃지 못할 일들이 많이 발생했다. 그뿐만이 아니라 아름다운 추억을 만들어 가던 '우리들의 젊은 날들'이라 할 수 있겠다.

천안도산연구회

그 무렵 천안 출신으로 서울에서 도산 안창호 선생님의 흥사단 운동, 대학생 아카데미 활동에 열중하시던 오대영 형이 천안 씨올모임을 찾아왔다. 천안에서 고등학교 학생들을 상대로 흥사단 아카데미 활동을 하고자 하는 데 협조를 부탁했다. 천안 씨올모임은 이 사업에 적극 참여하기로 했다. 당시 흥사단 아카데미 활동 지도교수를 하시던 숭실대학교 안병욱 교수를 모시고 천안의 각 고등학교를 순회하며 학생들에게 도산 안창호 선생님의 사상과 애국 활동을 소개했다. 그분이 남긴 흥사단 운동을 천안에서도 펼쳐 나가려 하니 뜻있는 학생들의 참여를 독려하는 강연회를 갖게 되었다. 곧이어 그 발대식을 열고 활동이 시작되었다.

천안 중앙장로교회 목사님의 협조를 얻어 매주 토

요일에 천안 시내 각 고등학교의 뜻있는 학생들이 모였다. 학생들은 이 나라의 미래를 만들어 갈 장래의 지도자가 되기 위해 흥사단 아카데미 활동 프로그램에 따라 교육과 훈련을 계속했고, 우리 천안 씨올모임의 젊은이들이 그 지도교사로서 역할을 담당하게 되었다.

처음에는 이십여 명의 학생 참여로 시작된 천안도산연구회의 활동이 뿌리를 내려가고 학생들 사이에서 인기가 높아졌다. 천안 시내 각 고등학교의 우수한 학생들이 적극 참여하여 내실을 더해 가면서 신학년이 되면 새로운 회원들이 늘어났다. 우리에게도 보람찬 사회활동 참여였다. 우리 사회의 미래를 위한 일에 우리의 열과 성을 다하였다.

안타깝게도 대학생들이 군사정부 독재에 항거하는 데모가 격화되고 정부 당국에서는 강압적으로 대학교의 문을 닫는 조치가 이루어졌다. 그 여파가 지방의 고등학교 학생들에게까지 미치게 됨에 따라, 참여 학생들의 학교생활에 지장이 생기는 것을 막기 위해 활동 5년여 만에 안타깝게도 스스로 문을 닫을 수밖에 없게 되었다.

천안도산연구회 활동 5년여 동안 100여 명의 미래 지도자를 만들어 냈다. 그 후 그들이 대학에 진학하여 흥사단 활동을 계속하는가 하면 동지 간의 유대를 돈독히 하며 서로 협조하고 격려했다. 오늘날 우리 사회의 유능한 교사, 행정가, 정치인, 경제인, 사회사업가로 성장하여 뚜렷한 발자취를 남긴 이들이 많다.

애석하게도 그 일을 주도하던 오대영 형은 그 일을 평생의 사업으로 계속하다 유명을 달리하고 현재 광주 518 묘지의 애국열사 묘역에 잠들어 계신다.

의사 김숭경 박사와 천안의 민주화 운동

오늘을 살아가는 우리가 누리고 있는 자유와 평등과 민주화가 함석헌 선생님으로 비롯하였다 하여도 지나친 말이 아니라 하겠다. 그 귀한 가치인 민주화가 지금으로부터 60년 전에 천안 봉명동 40번지 씨올농장에서 함 선생님이 사과나무를 심고 거름지게를 지시며 이루어진 깊은 생각이 당시 『사상계』 잡지에 실렸다. 그 시절 암담한 현실을 살아가야 했던 많은 지식인에게 큰 반응을 불러낸 사건이라 할 수 있다. 그 시절 천안 씨올농장은 함석헌 사상의 무대였다.

의사 김승경 박사는 그 시절 서울대 의대 수련의 과정을 마치고 처음 부임한 곳이 천안기독병원이었다. 대학 시절부터 흠모하던 함석헌 선생님이 천안에 계셨기에 간혹 만나 가르침을 받는 스승과 제자 사이가 된다. 그것이 인연이 되어 김 박사는 천안에서 산부인과 의원을 개업하시게 되고 천안에 눌러 사는 토박이 의사가 되었다.

함 선생님이 서울로 거처를 옮기신 후에도 함 선생님을 경제적으로 돕기도 했다. 매월 천안에 오시게 되면 씨올농장 함 선생님 모임에 빠짐없이 참석하여 가까이 지내면서 함 선생님이 하시는 일에 적극 협력하게 된다.

5.16 군사 쿠데타가 일어나고 그 군이 약속을 어기고 장기 집권을 계획하면서 함 선생님의 저항운동이 분명해지고 공권력의 탄압이 더해져 갔다. 그 때문에

천안에서도 씨올농장을 중심으로 그 저항운동에 가담하게 되고 그 중심에 김숭경 박사가 서시게 되었다.

함석헌 선생님, 김동길 교수를 모시고 천안 시내 교회를 빌려 시국 강연을 열며 천안 지역에서도 민주화 투쟁에 합류하게 되었다. 그 선봉에 김 박사님이 서고 천안 씨올모임이 그 실무를 맡아 삼선개헌반대운동, 민주수호국민협의회 천안지부 결성, 국민투표 참관 등 수많은 군사독재반대 투쟁을 천안 지역에서 주도하게 되었다.

삼선개헌을 위한 국민투표가 있는 날 새벽, 우리 씨올농장 젊은이들이 '시일야방성대곡'이라는 삐라를 만들어 천안 시내 집집이 대문 안에 던져 넣어 국민투표에서 삼선개헌을 거부하도록 하는 운동을 펼치기도 했다. 그러한 일에는 늘 권술용 형이 삐라를 제작하는 일에서부터 계획을 주도하게 되었다.

그 시절 권술용 형은 군사정권의 독재를 더 이상 참을 수 없다며 석유통을 메고 서울 광화문 네거리에 나가 독재 정권 반대 분신자살을 하겠다고 하여 주위를 긴장시키고 어렵게 만들곤 했다. 그때 권 형은 결혼하고 아내와 아들까지 둔 가장이었는데 '자신은 죽음으로 끝난다지만 남은 가족은 어찌하란 말이냐고.'라고 주위에서 극구 말리는 것도 듣지 않아 애를 태웠다. 그때 함 선생님이 오셔서 '그러한 뜻이 있으면 깊은 산속에 들어가 분신을 할 일이지 왜 광화문 네거리냐.' 하며 '결코 옳지 않다.' 하고 반대하셔서 수그러든 사건이 있었다.

지난 이야기를 하니 대수롭지 않을지 모르지만 그 음험한 시절 독재 정권에 반대하고 민주화를 부르짖는다는 것은 경제적으로 불이익을 감수하고 투옥을 불사하는 정신이 없으면 불가능한 일이었다. 의사 김숭경 박사님이나 권술용 형은 그것을 감내한 의인들이었고 그분들의 희생정신이 오늘 우리가 누리는 자유와 민주사회의 구현이라는 결과로 나타난 것이리라.

김복관 선생님과 천안 씨올모임의 젊은이들

사람이 태어나 자라고 성인이 되면서 누구나 자신만의 정체성을 이루어 가게 된다. 그렇게 되기까지는 부모님을 비롯하여 여러 가지 요소들이 상호 작용을 거쳐 나라는 인간의 성격이 결정된다고 볼 때, 야송 김복관 선생님이 우리에게 미친 영향이란 절대적이라 할 수 있다.

한창 감수성이 예민하던 이십 대에 만나 평생을 그분의 그늘과 영향 아래 살았다고 하여도 과언이 아닐 정도이니……. 그러한 형편은 권술용 형을 비롯하여 우리 천안 씨올모임 모두가 같다고 생각한다. 함석헌 선생님의 씨올사상에 큰 영향을 받아 우리 삶의 뼈대를 이루어 갔다면 김복관 선생님의 사랑과 희생정신은 우리의 피와 살이 되어 우리가 조금이나마 의로운 삶을 살 수 있게 하셨다.

김 선생님은 경북 고령 태생으로 기독교 집안에서 자라 신학을 공부하시었지만, 목회를 하지 않으시고 젊은 시절 농촌 부흥 운동에 뜻을 두시고 고향에서 그 일을 하셨다. 그러던 중 보다 큰 뜻을 찾아 상경하시어 같은 뜻을 가진 동지들과 함께 농촌 운동을 하시다가 함석헌 선생님을 만났다. 함 선생님의 뒤를 이어 천안 씨올농장을 농촌 부흥 운동의 요람으로 만들어 가시고 계실 때, 우리 역시 같은 뜻을 가지고 그분을 만나게 된다.

이분의 삶은 한마디로 우리 옆에서 우리와 함께 사신 예수님이셨다. 일찍이 기독교 집안에서 자라 신학교를 다니고도 목회를 거부하고 그 삶으로 예수님의 사랑을 실천하다 보니, 예수님이 그러하셨듯이 그 가족들의 어려움이 적지 않음에도 가족보다는 뜻을 같이하는 동지들과 그 뜻의 구현을 위해 평생을 사신 분이었음을, 우리는 보고 느끼고 배워서 알고 있다. 권술용 형이나 우리에게 설혹 조금이라도 의로움이 있고 선한 것이 있다면 그것은 전적으로 그분의 영향이라 말하지 않을 수 없고, 또한 우리 역시 그분을 가까이 모시고 함께할 수 있었다는 것을 감사와 축복으로 알고 살아왔다.

이분은 시대의 변화에 따라 바른 먹을거리를 생산하는 생명농법인 유기농법을 개발 보급하는 정농회를 만드시고 그 일을 위해 전국 각지에서 그 일에 동참하고 있는 농민들을 찾아다니며 격려와 협력을 아끼지 않으셨다. 오늘날 우리가 즐겨 먹는 유기 농산물이 김복관 선생님이 30여 년을 일관되게 주장하시고 애쓰신 결과임을 아는 이는 많지 않다.

오늘 우리 국민이 풍요로운 삶과 더 인간다운 삶을 누릴 수 있는 것은 우리를 앞서서 노고와 희생을 감수하며 살아왔던 분들이 많이 있었기 때문이다. 그분들의 희생 위에 우리가 보다 나은 삶을 누리고 있음을 감사하게 생각하고, 나 역시 그러한 삶을 살 수 있기를 바라며 살아갔으면 하는 바람이 있다.

오늘 나는 우리 사회를 만들어 가는 주역의 자리에서 한 걸음 뒤에 물러나, 함석헌 선생님, 김복관 선생님, 의사 김숭경 박사님, 오대영 형님, 권술용 형님⋯. 이런 분들과 함께 살 수 있었다는 것을 큰 축복으로 알고 감사하며 이미 고인이 되신 이분들의 명복을 삼가 빈다.

6. 끝내 씨울이 되신 고모부

김원진(목사, 처조카)

내가 이분을 알게 된 때는 나의 고모(김말순)와 혼담이 오갈 때부터였다. 1966년 내 나이 17세 무렵 천안 씨올농장에서였다. 그는 민중운동가로 한창 명성이 높으셨던 사상가 함석헌 옹의 사상을 따르며 강원도 고성군 간성면 안반덕과 흘리(진부령스키장 일대)를 오가시면서 지역 주민을 위한 씨올의 삶을 익혀 오셨다.

내 기억으로는 안반덕 아래로 약 5km 지점의 선혜학원(곽분이 선생)과 안반덕에서 약 7~8km 떨어진 지점에 세워진 흘리교회(이호빈 목사님 설립)를 오가며 아이들을 가르치고 돕는 일에 열심이셨다. 안반덕의 기억으로는 박세정 선생과의 기억이 있고, 잊지 못할 추억 중 하나는 안반덕에서 내 고향(경북 고령군 쌍림면 안림동) 동네 문제아들의 어머니들이 내

아버지 故 김복관 옹께 '내 아들 사람 좀 만들어 달라.'라고 부탁해서 데려온 다섯 명의 고삐 풀린 망아지 같은 농땡이들을 끌어안고 함께 뒹굴며 높은 산을 오르내리며 훈련시킨 것이다. 씨올의 정신으로 인성 교육과 생활 실천 훈련을 거쳐 집으로 돌려보낸 기억이 있다.

아버지와 고모부의 뛰어난 씨올정신, 민중운동을 해 오신 두둑한 배짱과 힘의 배경은 함석헌 선생님의 철학과 사상의 덕이었을 것이다. 또 하나를 보탠다면 천안 씨올농장 동지들과의 공동체 신앙생활과 씨올사상의 생활 실천을 함께하면서였다고 생각한다.

내 인생에 잊을 수 없는 큰 인물로 내가 처음 만난 고모부는 그때만 해도 다듬어지지 않은 야생마처럼 검붉은 얼굴에 외적인 폼은 없었다. 하지만 이글거리는 열정의 눈빛에 내면이 비친 멋진 사나이의 모습이었다.

평소 그의 손에 책이나 신문, 잡지 등이 항상 들려져 있었고, 글 읽는 시간을 많이 가졌던 것으로 기억한다. 한국 역사와 문학집, 외국 소설, 논어, 철학서, 탈무드 등 성경은 말할 것도 없이 많은 책을 소지하셨고 쉼 없이 책 읽으시던 모습이 눈에 선하다.

그때 내게 주신 인상적인 한 말씀이 있다.

'학교 공부는 제대로 못 했지만 지금껏 읽어 온 많은 책들이 내 인생의 밑거름이었고 삶에 큰 힘이 되었다. 조카도 책 읽는 습관을 가지고 손에서 책을 놓지 말아야 한다.'라고 하셨다.

그의 신앙관에서도 일반 교회 중심 신앙인들과는 다른 점을 보았고 내게 큰 영향을 주었다. 교리 중심, 교권과 교회 생활 중심의 설교를 듣고 신앙생활을 하던 내게 새로운 도전을 주는 이야기를 많이 들려주셨다.

"하나님은 교회 밖에도 계신다. 하나님은 모든 사람을 차별 없이 사랑하신다."

"고난당하는 씨올의 마음에 언제나 하나님이 함께 하신다."

"하나님은 지금도 우리와 함께하시며 우리를 사랑하신다. 그러므로 우리도 서로 사랑해야 한다."

라고 하시며 근본적인 신앙의 진리를 이야기해 주시곤 했다.

다방면의 책들을 접하면서 세상을 보는 눈이 남다르게 차별화된 것을 느끼며 인문학적 소양이 있는 사람은 교회를 통하여 밖에서 고난당하는 이웃의 씨올(민중)에게 관심을 품는 것을 알게 해 주셨다. 1967년~1973년 짧은 기간 동안 천안 씨올농장 중심으로 오가며 함께 지내면서 배우고 느끼게 하고 행동할 수 있도록 북돋우어 주며 큰 힘을 주셨다.

씨올농장에서 함께했던 일들을 회상해 본다. 새벽 4시면 어김없이 일어나시는 아버지와 함께 새벽 경건회를 마치고 일과를 시작한다. 인적이 드문 조용한 시간을 이용해 과일나무 거름 준비를 위하여 분뇨통을 실은 리어카(일명 똥구루마)를 끌고 약 3km쯤 떨어진 천안극장 화장실로 향한다. 그곳에서 똥바가지로 한 통 가득 담아 싣고 출렁이는 리어카로 겨울 새벽에도 구슬땀을 흘리며 농장으로 실어 나른 후 아침 식사를 한다. 난 고모부 냄새가 역겨워 몇 번씩이나 도망을 다니며 피했다. 약 300마리 되던 토끼 사료를 마련하기 위해서 천안역 앞 두부 공장에서 두부 찌꺼기 비지를 구하여 손수레에 싣고 3km 거리를 비지땀을 뻘뻘 흘리시며 마지막 구간 언덕배기를 끙끙대며 올라오셔서 잠시 쉬는 동안에 책을 읽고 아침을 먹는다. 농장에서 양계장을 하면서 씨울농장을 지키기 위해 몸부림치듯 밤낮을 가리지 않고 엄청난 일을 하셨던 뚝심의 사나이를 보았다. 이런 일을 수년 동안 아무 불평 없이 해 오셨던 그의 생활은 늘 긍정적이었다.

함께 뜻을 품고 오셨다가 다녀가신 분들을 더듬어 보면 먼저 농장에서 수고하신 홍명순 선생님 가족, 김남국, 허성태, 서상선 선생님들과 공병택, 김재식 형들이 기억에 남는다.

특히 그의 동향인 강원도 대진에서 향우학원(야학)에서 가르침을 받고 그의 뜻을 따라 함께 와서 씨울의 꿈을 키우고 가셨던 서정웅, 정몽삼, 김송전 님들도 기억난다. 고향 친구 권중길 목사도 함께했다.

그 당시 응원과 격려로 다녀가셨던 분들도 여럿 계셨다. 풀무학원(풀무농업고등기술학교) 주옥로 선생님, 풀무원 원경선 선생님, 김병태 선생님, 채규철 선생님, 정농회 오재길 선생님, 오영환 선생님, 문대골 목사님, 송용등 선생님, 곽분이 선생님.

그리고 천안 씨올농장을 중심으로 지역의 젊은 동지들과 씨올의 큰 꿈을 키우셨던 김숭경, 지덕호, 양현모, 정일영, 최건식, 유의영, 전탁남 선생과 천안 도산연구회 오대영(열사), 김지철(현 충남교육감) 그리고 약방 감초처럼 따라다녔던 김형순 님 등 잊을 수 없는 씨올 동지들이다.

고모부는 씨올의 정신을 계승하며 널리 전파하기 위해, 작지만 큰 힘의 생명체를 지니고 젊은 시절부터 마지막 하나님의 부름을 받아 갈 때까지 한순간도 쉬지 않았다. 마지막까지 제주도 강정마을 바다에 뛰어들며 목숨 걸고 민중 속에 꿈틀거리는 생명 살리는 운동에 앞장섰다. 늙은전사 아니, 청춘 특전사로서의 한생을 씨올로 사시다가 한 알의 씨올로 땅에 묻히셨다. 지금은 그의 정신과 사상이 새봄을 맞이하며 추모의 마음 글 속의 여러분들과 함께 조심스레 새싹이 돋아나고 있음을 느낀다.

가정보다 이웃을 먼저 생각하며 열심히 사는 남편 뒷설거지하느라 힘드셨을 고모님의 헌신적 기도의 내조가 큰일을 하시는 일에 버팀목이 되었다. 민중 운동가의 후손들답게 사회복지를 위해 지금도 현장에서 씨올들의 꿈틀거림을 북돋우고 생기 있게 일하는 3남매 부부에게도 큰 박수를 보낸다.

글 읽기를 그렇게 좋아하셨고, 누구를 만나든 꿈을 실어 주는 이야기와 호탕한 웃음으로 다가서기를 좋아하셨던 님, 꾸밈없는 외모로 누구에게든 친근함을 주셨던 님, 노래 부르기를 좋아하셨던 님이 우렁찬 목소리로 귀를 흔들어 주시던 가곡과 찬송가.
"저 높은 곳을 향하여 날마다 나아갑니다."
"여호와는 나의 목자시니."
"천지에 있는 이름 중 귀하고 높은 이름."

고모부, 참 좋겠습니다. 가장 귀하고 높은 이름의 예수님 그분 바라보며 함께 계시니….

고모부를 기억하며 만날 날을 기다립니다.

7. 또 꿈을 꾸고 행동하고

유정인(천안도산연구회, 종교사회학 전공 철학박사)

1972년 고등학교 1학년 중반부터 1년 정도 권술용 형님이 몸담았던 '천안 씨올농장'에서 살며 학교를 다니게 되었습니다. 당시 형님은 천안의 고등학생들로 이뤄진 '흥사단 아카데미 천안도산연구회'의 지도교사를 하셨습니다. 천안도산연구회의 회원 모집은 기존 회원이 후배 중에서 성적이 우수하고 리더십이 있는 사람을 추천하고 가입시키는 방식이었습니다. 저는 개인 사정으로 성적은 곤두박질치고 있었고, 자신감은 거의 잃은 때여서 저를 스카우트하는 선배는 없었습니다. 권술용 아저씨는 한껏 움츠려 있는 저를 보고 안타까우셨는지 성격을 바꾸어 보라며 천안도산연구회에 가입하도록 하셨습니다. 회원들은 지도교사님들을 '형님'이라고 불렀고, 저도 아저씨를 '권 형님'이라 부르게 되었습니다. 천안도산연구회 활동은 제가 어떻게 살아가야 할지 적극적으로 고민하고 길을 만들기 위해 노력하는 계기가 되었습니다.

예민했던 고등학생이 씨올농장에서 지냈던 1년은 인생에서 손가락에 꼽을 만큼 행복했던 시간 중 하나였습니다. 권 형님은 무심한 듯 편안하게 하면서 자신의 꿈을 함께 나누셨고, 형수님은 따뜻한 미소로 대해 주셨습니다. 권 형님은 항상 꿈꾸는 로맨티시스트이셨고, 그걸 이루어 보고자 많은 방랑을 하셨던 걸로 기억합니다. 한번은 옛날 대학 노트에 직접 쓴 소설 비슷한 글을 보여 주셨습니다. 산속 농장에서 사람들이 공동체를 만들어 낮에 함께 일하고 밤에 서로 어울려 밤하늘을 보며 노래하고 이야기하는 내용이었습니다. 사실 권 형님은 씨올농장을 그렇게 만들고 싶어 했습니다. 시간 나는 대로 저도 일을 하게 하셨습니다. 사과에 약 줄 때 보조하고, 사과가 익으면 따게 하고, 양계장 달걀을 거두게 했습니다. 밤에는 권 형님이 동네 청소년을 불러 기타를 치게 하시고 그에 맞추어 같이 노래를 불렀습니다. 형님은 6월 즈음 딸기 제철이 되면 딸기 카페를 열었습니다. 나뭇가지에 전등을 환하게 달고 너른 마당에 탁자를 늘어놓고 바구니에 딸기를 팝니다. 젊은 청춘들이 마당을 채우고 딸기를 먹으며 웃는 소리가 과수원 울타리를 넘었습니다. 저도 딸기를 따느라 손에는 딸기 향이 달콤하게 배었습니다.

농장에는 방이 필요했던 다른 천안도산연구회 회원도 자취했고, 어떤 청년들은 농장에 일을 배우러 왔습니다. 그 형들과 같은 방에서 자며 어쭙잖게 농업 이야기를 했습니다. 함석헌 선생님도 오셨고, 박정희 독재정치에 분노하며 열변을 토하시던 분도 오셨습니다. 정농회 김복관 선생님과 같은 천안도산연구회 지도교사였던 지덕호 형님은 이웃처럼 자주 오셨습니다.

커다란 셰퍼드도 항상 기억 속에 있습니다. 권 형님은 일요일이 되면 가족들과 함께 현재 아산시 배방역 부근 김복관 선생님이 담임하시던 교회로 예배를 보러 가셨습니다. 큰길 따라 10km 가까이 되는 곳입니다. 커다란 짐 자전거에 당신과 형수님, 아이들이 타고는 앞에 그 큰 셰퍼드를 줄로 묶어 썰매 개처럼 달리게 합니다. 아무 표정도 없이 "가자." 외치고 출발하는 가족 모습은 기이했습니다. 권 형님이 예배에 참석한 모습을 몇 번 보았는데 설교 첫마디 시작하면 바로 고개를 끄덕이며 졸기 시작하셨습니다. 매번 그러시니 참 신기한 기술이라 느껴졌습니다.

이상적인 공동체 농장을 꿈꾸셨던 권 형님 인생이 항상 성공한 것은 아닌 것 같습니다. 땅 없는 사람의 한계 같기도 합니다. 천안 씨올농장은 함석헌 선생님이 기부받은 것이었고, 권 형님은 관리자로 일하셨던 것인데 기부자의 가족이 다시 소유권을 찾아간 것으로 알고 있습니다. 권 형님은 꿈의 터전을 잃으셨던 거고 그 후로 많은 일을 하시는 걸 보았습니다.

권 형님은 때로 자신의 꿈과 멀어 보이는 일도 하셨지만 희망에 대한 확신의 표정을 잃어버린 적이 없습니다. 항상 소년 같은 낭만을 가지고 사셨습니다. 기억이 분명하진 않지만 한번은 닭장이 많은 산속에 같이 갔습니다. 같이 트럭 짐칸에 서서 바람과 덜컹거리는 충격을 즐기며 소리 지르며 이야기하던 기억이 있습니다. 그리고 개울에서 옷을 훌러덩 벗고는 목욕을 했습니다. 열심히 일만 하다 가진 것도 없이 씨올 농장을 떠나셨지만 형님 얼굴에 슬픈 표정은 전혀 찾아 볼 수 없었습니다.

1980년대에 잠깐 뵈었을 때는 서울 방학동 길거리 마차에서 호떡을 파셨습니다. 호떡 장인에게 비법을 배워 최고의 호떡을 굽게 되었다고 자랑하셨습니다. 제가 강제 철거 당한 사람 등 빈민 단체에서 활동하고 있다 하니 활동 내용 등 여러 가지를 물어보시면서 무조건 인정해 주셨습니다.

그러다 대전 '평화의마을'에서 결손 가정의 어려운 아이들과 청소년들을 위한 아동복지센터(당시 고아원)를 운영하시게 됐습니다. 아이들이 사용하던 허름한 시설을 새로이 짓기 위해 천안도산연구회 출신인 이상목 건축 설계사와 협의하며 이리저리 뛰어다니시던 모습이 떠오릅니다. 그리고 완공해서 입주하던 날 많은 사람들이 축하하고, 새 건물을 보니 동화 속 성 같은 모습이 연상되어 권 형님의 낭만이 반영된 것 같았습니다. 거기에서 총무를 하시면서 '권총'이란 애칭으로 불렸습니다. 저는 그 애칭이 권 형님과 참 잘 어울린다고 생각했습니다. 챙이 넓은 모자를 쓰고 광야에 말달리며, 사람들이 생각지도 못했던 곳에 빵빵 권총을 쏴 대는 모습이 떠올랐기 때문입니다.

2000년대 초에 '대동종합복지관'에서 뵈었습니다. 대전역 뒤쪽 가난한 동네였습니다. 동네 집 짓기 공사를 한다고 같이 가자고 해서 갔습니다. 보통은 가난한 동네 집을 돌봐 줄 때는 수리만 해 주는데, 역시 권 형님은 그 무모한 추진력으로 싹 밀고 다시 짓고 계셨습니다. 함께 바닥 철근을 엮었습니다. 오후에 일을 마치고 권 형님은 저를 차에 태우셨습니다. 중간에 생선회와 청하 한 병을 사서 대청호가 보이는 언덕 위로 데리고 가셨습니다. 형님은 술을 드시지 않는데, 회와 청주 한 병은 당시 대안교육에 대해 고민하던 저를 위한 특별 서비스였습니다. 제가 아는 권 형님은 논리를 펴고, 충고를 해 주는 분이 아니었습니다. 그저 당신의 끊임없는 밝은 에너지로 구구절절 사연을 들어 주고, 위로를 주고 힘을 북돋워 주는 분이셨습니다. 이날은 "다른 사람 뒤따라 일하지 말라. 네가 먼저 하라."라는 말씀을 하셨습니다. 이 조언은 형님이 살아오신 데 대한 자기 결론과도 같은 것인 줄 압니다. 말씀처럼 저는 10년 후 가난한 청소년을 위한 진로지도 캠프 학교를 맨손으로 시작했습니다. 후원금이나 지원금을 받지 않고 시골집을 고치고 제가 벌어서 운영했습니다. 많은 사람이 걱정했고 준비 기간 합해 7년 정도로 끝났지만 저는 그 일을 했다는 것이 자랑스럽습니다.

마지막으로 뵌 건 당시 문경에 있던 여행하는 대안학교 '샨티학교'의 교장 은퇴를 앞둔 시점이었습니다. 그동안 엄청난 일들을 하셨고, 연세가 70이 훨씬 넘으셔서 새로 무얼 시작하기는 어려울 것이었습니다. 권 형님은 달랐습니다. 제가 문경과 가까운 괴산으로 귀촌을 생각한다고 하자 반색하시며 괴산 부근에 자연농법 하는 농장 두 개가 있다고 같이 가 보자 하셨습니다. 권 형님답게 다시 또 꿈이 생겼고 고구마와 여러 가지 농작물을 심는 계획이 시작된 것이지요. 저는 직장 퇴직과 박사학위 논문 초안 쓰는 일정으로 농장 방문을 일주일 정도 미뤘고 그 사이 권 형님께서 설암을 앓고 계신다는 것을 들었습니다. 항상 건강하신 거로만 생각했는데 빠르게 병이 진전되었습니다. 그리고 뵙지 못했습니다.

권 형님의 꿈은 끝도 없었습니다. 만나면 언제나 당신이 새로 꾸는 꿈과 그걸 이루기 위해 할 일에 대해 말씀해 주십니다. 사투리 조금 섞인 어투로 "정인아, 나는 말이지……." 하며 시작하십니다. 당신 자신이 영원한 돈키호테가 되어 저돌적으로 돌진하는 모습을 보여 줌으로써 주변 사람들에게 자극을 주셨습니다. 나이, 몸, 조건 모든 것에 관계없이 꿈을 꾸고 그걸 이루기 위해 행동하라고 부추기십니다. 굉장하십니다. 지금도 하늘나라에서 꿈을 그리고 계실 겁니다.

2장
권총 밉다, 빵빵!

1. 나의 아저씨

김명선(평화의마을)

1985년 가을, 아버지께서 간경화로 인해 오랜 투병 끝에 돌아가시고, 우리 삼 남매는 주변 분들의 도움으로 대전애육원에 오게 되었다. 1년간의 생활은 너무도 열악했다. 단체 생활에 적응하는 것도 어려웠지만 한겨울에도 찬물로 씻는 건 다반사고 생활용품도 부족했고 창고에 물품이 차고 넘치는데 우리에게 주어지는 건 때 지난 과자나 라면 등이었다.

불시에 단체 집합, 단체 기합, 단체 청소. 나름 또래도 있고 이성도 있고 했지만 지금 생각해 보면 모두 경쟁의 대상들이었다. 그런 생활이 영원할 것 같았는데 원장님이 퇴임하게 되고 1987년 1월 대전애육원에 새로운 봄이 왔다. 새로운 바람이 불었다.

내가 고등학생이 된 그해부터 권술용 총무님의 "평

화의마을" 호가 시작되었다. 더 이상 탄 밥이 나오지 않았고, 반찬 가짓수도 늘어 갔고 건더기도 많아지고 유기농 채소가 올라오고 물품이 풍족해졌다. 간담회가 열리고 의견을 수렴하고 방의 구성원이 바뀌었다. 한마디로 민주화가 이뤄진 것이다. 그전엔 꿈에 관해서 얘기하는 사람이 없었는데 권 총무님은 유독 꿈에 관한 이야기를 많이 하셨다.

방학이면 여름 수련회가 전부였는데 비전을 가져야 된다 하시며 '조국기행'을 시작하셨다. 1회 때는 내가 고3이어서 참여하지 못했지만 2회부터는 대학을 졸업할 때까지 조국기행에 참여하여 제주도 여행, 한라산 등반, 마라도 일주, 남해안 일대, 땅끝마을 여행 등 귀한 경험을 할 수 있었다. 60명의 중고등학생, 보육사 선생님들과 자원봉사자들이 솥단지를 이고 지고 난민 같은 모양새였지만 세월이 지나서 사회인이 되고 보니 쉽지 않은 기획과 추진력에 감탄할 수밖에 없다.

또 하나 감사할 부분은 당시 18세가 되면 정부 보조가 끝나고 사회에 나가 자립해야 하는데 현실적으로 자립하는 건 쉽지 않았다. 그런 우리에게 "그룹홈"을 제시하시고 공간을 마련해 주셔서 난 평화의마을 1호 대학생으로서 그룹홈에서 무사히 대학을 졸업해서 사회인이 되었고, 결혼하여 아름다운 가정을 이루게 되었다.

누구보다 먼저 앞일을 내다보는 능력이 탁월하셨고, 늘 깨어 계시며 솔선수범하시고 때론 무모하셔서 뜬구름 잡는 듯했으나 시간이 지나면 하나하나 이루시고 본을 보이시던 참어른이셨다.

총무님, 아버지 같던 나의 아저씨. 그립습니다. 저도 그런 비전을 나누며 사는 사람으로 살아가겠습니다.

2. 행복하고 즐거운 인생을 사는 법

박성제(평화의마을)

권술용 총무님을 생각하면 떠오르는 3가지가 있습니다.

첫 번째로 가장 강하게 인상에 남은 모습은 금강호 주변 도로를 달리시다 갑자기 차를 멈추고 강둑을 내려가 하얀 팬티 한 장에 의지해 유유히 수영을 즐기시던 모습. 어린 저에게 여유롭게 수영을 즐기시던 권 총무님의 모습이 자유롭고 평화로워 보였습니다.

두 번째는 9세~10세쯤이었습니다. 어린 시절, 애육원 단체 생활은 두려움의 연속이었던 생활이었습니다. 미래에 대한 꿈보다는 단체 기합이나 구타가 없는 하루하루가 되기를 바라며 생활하던 기억이 있습니다. 자신감보다는 소극적인 마음이 자리 잡았던 시절, 여러 사람이 모여 있는 곳에서 발표를 한다는 건 두려운 일이었습니다. 그랬던 제가 아이들 앞에서 시 한 편을 읽었는데 한 번도 떨지 않고 읽었다며 칭찬을 해 주셨습니다. 아마도 그 이후부터 다른 사람들 앞에서 책을 읽을 때 떨지 않았던 것으로 기억됩니다.

세 번째는 "조국기행"이란 프로그램입니다. 조국기행이라는 프로그램이 생기기 전, 여름 여행은 수련원 같은 곳에서 며칠간 물놀이나 늘 하던 프로그램을 즐기다 오던 게 전부였습니다. 조국기행을 통해 제주도를 포함한 전국 곳곳을 차량과 도보로 여행하였고 그 지역의 유명한 산을 올랐습니다. 청소년 시기의 저에게 여행에 대한 깊은 인상을 남겼고 두려움도 많이 없어졌습니다.

이렇게 권 총무님은 지금의 나, 삶을 대하는 태도, 삶을 즐기는 방식에 많은 영향을 주셨다고 생각합니다. 저에겐 아버지 같은 분이었습니다.

권 총무님이 강정에서 활동하실 때 제주에 내려와 살겠다는 마음을 먹고 찾아뵈었습니다. 저의 제주 정착을 위해 여러 제주 지인들을 소개해 주시고 걱정해 주셨습니다. 제주에 내려와 만난 아내와의 결혼식에서 축사도 해 주셨습니다.

아이를 낳고 행복하게 지내던 어느 해 권 총무님의 발병 소식을 들었습니다. 서울로 가족여행 겸 집에서 투병 중이시던 권 총무님을 찾아뵈려 했지만 그날 컨디션이 안 좋아지셔서 결국은 못 만나 뵙고 제주로 돌아왔습니다.

그리고 얼마 후 돌아가셨다는 부고를 듣고 급하게 비행기표를 알아봤지만 어린이날이 낀 연휴에 표를 구하기는 너무 어려웠습니다. 제주에 내려와 처음으로 눈물이 났습니다. 지금도 그때 장례식에 참석하지 못했던 일은 후회로 남아 있습니다.

저를 포함한 많은 이들에게 선한 영향을 주셨던 권 총무님은 하늘나라에서도 자유롭고 평화롭게 지내고 계시리라 믿고 바랍니다.

3. 내 인생의 선물

차진희(평화의마을)

나에겐 소중한 별명이 있다. '차돌'. 원래는 차씨여서 그냥 차돌로 불리던 이 평범한 별명에 '차돌멩이처럼 반짝반짝 빛나고 단단하다.'라며 의미를 부여해 주신 권총은 내 인생의 선물 같은 존재다.

대전에 있는 '피얼스영아원'에서 지내다가 5살 무렵, 같은 지역에 위치한 '대전애육원'으로 가게 되었다. 지금 생각하면 매우 어린 나이였지만 처음 애육원에 들어갔을 때 내 또래 친구들과 언니, 오빠들이 마당에서 뛰어놀고 있는 모습과 내 손을 꼬옥 쥐고 내가 지내야 할 방을 설명해 주셨던 선생님의 모습이 지금도 생생하게 기억난다. 새롭게 등장한 나의 손에 들린 과자 때문이었는지 나는 금세 언니와 오빠들의 관심을 받았고 어느 순간 그들에게 둘러싸여 과자는 순식간에 사라졌다.

그렇게 시작한 애육원 생활은 씻는 것부터 시작해서 모든 일을 혼자 할 수 있어야 한다는 '배움의 연속'이었다. 겉으로 보면 친절하게 가르쳐 주는 언니들 같았지만, 눈에 보이지 않는 무언의 계급 같은 게 느껴져 무섭기도 했다. 불시에 선배 언니나 오빠가 "선착순!" 하고 외치면 바로 달려가 한 줄 서기를 해야 했는데 그때마다 맨 마지막에 선 사람은 벌칙을 받아야 했기 때문에 빨리 달려야 했고, 무엇이든 빠르게 익혀야 했다. 또래보다 몸집이 작았던 나는 유독 더 시달렸었다. 긴장해서 말을 더듬을 때면 놀림거리가 되기 쉬웠고, 장난치는 것으로 포장된 크고 작은 폭력에 시달리기도 했었다. 그렇게 설움의 '빵 학년(미취학)' 시절을 지내면서 당당한 초등학생이 되면 더 이상 언니들에게 괴롭힘을 당하지 않을 거라 확신하며 참아 냈다. 학교에 간다는 상상만 해도 심장이 요동쳤고 설레어 잠을 못 잤는데 사실 공부가 하고 싶어서가 아니라 학교에 있는 시간 동안만이라도 괴롭힘에서 벗어날 수 있다는 생각을 했기 때문이었다.

돌아보면 누군가로부터의 '칭찬'이 매우 절실했던 시절이었다. 애육원 안에서 선생님이나 언니들 중 누구에게라도 작은 칭찬 하나만 받으면 그날은 맞지 않는 날이었다. 하지만 오히려 그런 칭찬을 질투하고 시기하는 무리가 생겨나면서 두 배로 더 힘들어지기도 했다. 조금씩 시간이 흐르고 나 역시 선배 언니가 되었을 때 동생들에게 '선착순!'을 불러 댔었고, 고작 초등학생 주제에 눈치만 빠른, 무서운 언니가 되어 가고 있었다. 그때의 나는 빨리 열여덟 살이 되어 지긋지긋한 그곳을 벗어나고만 싶었다. '애육원'이란 이름을 누가 지었을까. 머리가 굵어질수록 그곳이 우리에게 전혀 마음도 몸도 평화롭게 지낼 수 있는 공간이 아니라는 것을 조금씩 알아차리게 되었을 무렵이었다.

처음 '권총'이 애육원에 나타났을 때 뚜렷하게 생긴 이목구비 때문인지 그저 무서운 아저씨처럼 보였다. 그런데 총무님이란다. 내가 지내고 있는 애육원을 총괄하시는 총무님!

사무실을 드나드는 횟수가 일 년에 한두 번뿐이었던 나는 총무님과 친해질 일이 거의 없었다. 그저 눈치 봐야 하는 어른이 한 명 더 늘어났을 뿐이라고 생각하던 차에 총무님 외에 그의 가족들이 다 같이 애육원으로 왔다는 사실을 알게 되었다. 내가 눈치 봐야 할 사람은 총무님의 부인, 즉 전도사님과 그들의 두 아들과 딸까지 총 다섯으로 늘었다. 갑자기 생겨난 두 명의 오빠와 언니는 나와는 전혀 다른 세계에 사는 사람들이었다. 부모가 있고 없음의 차이였을까. 그들은 내 마음속에 들어올 틈이 없었다. 나는 여전히 내 방 동생들의 언니 역할에 충실해야 했고, 선배들의 동생 노릇도 해야 했기에 바쁘게 지내며 정신없이 시간이 흘러갔다.

권총 가족의 등장 후 애육원은 조금씩 변하기 시작했다. 애육원 생활 중에서 크고 작은 폭력을 제외한 제일 힘들고 싫었던 일은 주보 작업이었다. 매주 토요일 주보(소식지)를 접어야 했다. 주보를 접느라 지문이 없어지는 것 같은 착각이 들 때쯤 나를 포함한 모든 친구가 주보 접기 달인이 되어 갔다. 권총을 욕하며 삼삼오오 모여 주보를 접으면서 깨닫게 된 건 뜻밖에도 '감사함'이었다. 고마우신 후원자들의 이름을 하나씩 눈에 익히게 되고 애육원 안에서 벌어지는 작은 일부터, 18세가 되어 퇴소한 선배들의 소식까지 접할 수 있었다. 귀찮고 하기 싫었던 작업은 어느새 궁금한 소식을 알게 되는 알찬 시간으로 바뀌게 되었고 내가 입고 먹고 누리는 모든 것들이 결코 당연한 게 아님을 알게 되었다.

권총은 우리를 그냥 놔두질 않았다. 단체 생활 안에서 일어날 수 있는 개인 간의 다툼이나 갈등을 작은 것부터 해결하고자 하셨던 것 같다. 사춘기를 지나면서 나를 포함한 선후배들은 개인주의 성향이 강해졌고 중간 계급에 낀 나는 좀 더 힘들었다. 그래서 학교 안 가는 일요일이 너무도 싫었다. 일요일엔 언니들의 심부름과 더불어 동생들의 숙제도 봐줘야 했다. 때마다 설거지 당번이 돌아왔고 청소며 빨래며 할 일들이 너무도 많았다. 그런데 권총이 주말마다 우리를 데리고 등산하기 시작했다. 무리 지어 산과 계곡으로 야유회를 가거나 누군가 무대 위에서 부르는 노래를 감상하는 콘서트도 가 볼 수 있었다. 후원자님 집에 가서 하룻밤 자고 오거나 후원해 주시는 언니와 오빠들에게 공부 과외까지 받을 수 있는 시간을 만들어 주셨다. 가야금, 바이올린, 피아노, 태권도 등등 재능 기부를 해 주시는 분들을 통해 각자가 배우고 싶은 것들, 하고 싶은 것들을 할 수 있도록 지원해 주셨다. 괴롭고 귀찮던 일요일이 어느 순간 손꼽아 기다리는 소중한 하루가 되었고 그 시간을 통해 우리는 각자 취미를 갖고 문화생활까지 누리게 된 것이다.

그러다 '용돈'이란 걸 받아 본 적 없는 우리에게 학년별로 얼마씩의 용돈도 제공되었다. 용돈을 받는 날이면 보란 듯이 반 친구들에게 그동안 얻어먹었던 불량식품들을 사서 으스대며 보답이라는 것도 해 줄 수 있었다. 몇 달 치 용돈을 모아서 갖고 싶었던 물건을 사면서 성취감과 돈의 가치도 자연스럽게 배우게 되었다. 권총은 6학년 겨울 방학 때 나와 또래 친구들을 불러 모아 방학 동안 아파트 신문 배달을 할 생각이 있느냐 물으셨다. 나를 포함한 세 명이 그렇게 하겠다고 말했다. 그저 아파트 몇 동을 돌면서 현관문 앞에 신문을 놔두면 되는 일이었다. 다만 조간신문이라 새벽부터 일어나는 게 조금 힘들긴 했지만, 한 달 뒤 난생처음 월급이란 걸 처음 받아 든 우리는 날듯이 너무 기뻤다. 그 돈으로 나는 태권도 승급 심사비를 냈고 당당히 1품을 취득하게 되었다. 그 후로 계속 태권도를 배웠고 대학생이 되었을 때 공인 3단이 되었다.

그렇게 권총은 나와 우리들의 인생에 스며들었다. 마주치기만 하면 누구든 끌어안고 볼에 턱수염을 비벼 대며 애정을 표현하셨고 항상 허리 숙여 따뜻하게 대해 주셨다. 누군가의 정겨운 관심이 익숙하지 않던 우리는 그저 부끄러울 뿐이었다. 매년 여름 방학엔 6박 7일씩 산과 바다를 누비며 전국 방방곡곡 '조국 기행'을 다녔다. 무거운 배낭을 둘러메고 조별로 산장에서 잠든 뒤 다음 날 아침 졸린 눈을 비비며 다 같이 설악산 대청봉을 올랐을 때가 가장 기억에 남는다. 산을 오르면서 서로 밀어 주고 이끌어 주면서 무서웠던 언니 오빠들이 천사들로 보이기 시작했고 동생들은 지친 나에게 큰 힘이 되었다. 몸은 고되고 힘들었지만, 마음은 가벼워지고 웃음이 떠나질 않았다. 무엇보다 참된 즐거움과 행복이란 감정을 알게 되었다. 당연하게 여기던 선착순 놀이는 어느샌가 사라지게 되었으며, 부끄러움과 사과하는 법도 배우게 되었다. 선후배 사이의 벽은 조금씩 허물어지면서 우린 그렇게 '식구'가 되어 갔고 권총이 지으신 이름처럼 '평화의마을'이 되어 갔다. 고아원에 산다는 게 결코 부끄러운 일이 아니라는 것을 깨달았을 때가 바로 그즈음, 중학교 2학년 때였다.

우리는 권총의 아이들이 되어 가고 있었다. 어디서든 주눅들 필요가 없어졌다. 언제든지 친구들을 데려와서 '여기가 우리 집이야.'라고 소개하면 친구들은 정말 좋은 집에 산다, 부럽다고 말했다. 여기가 고아원이라고 말해도 그게 무슨 상관이냐며 대수롭지 않게 생각했다. 한번은 담임 선생님께 왜 우리 집은 가정 방문을 안 하시냐 여쭸더니 무척 당황하면서 내일이라도 가겠다고 하셨다. 그날 권총께 "담임 선생님이 내일 가정방문 오신대요!"라고 말씀드리자 처음엔 적잖이 놀라신 듯 보였지만 매우 기뻐하셨다. 있는 듯 없는 듯 흐릿했던 사춘기를 보내면서 나는 스스로에게 질문했다. 지난 시간 동안 내 삶을 스스로 불쌍하고 안타깝게 여겼던 것은 아닐까. 그것은 매우 잘못된 생각이었다는 것을, 같은 상황이라도 어떻게 받아들이고 생각하느냐에 따라 행복의 유무를 결정할 수 있다는 것을 깨달았다. 권 총무님 한 사람의 등장으로 내 자아가 달라지고 있었다. 누구보다 나를 사랑하게 되었고 자신감이 생기면서 내가 아닌 타인의 입장에서 생각하고 배려할 줄도 알게 되었다. 지긋지긋했던 고아원 생활, 빨리 18세가 되길 기다렸던 나에게, 한 사람의 등장으로 평화의마을은 정말 평화롭게 바뀌었고 이젠 더 있고 싶어지는 소중한 곳이 되었다.

시간은 빨리 흘렀고 나도 선배들처럼 그곳을 떠나야만 했다. 고등학교 졸업 후 바로 취업을 생각했던 내게 대학 입학을 권유하시고 사회복지사 일을 해 보라며 어디서든, 무엇이든 잘해 낼 거라고 응원해 주셨다. 사회에 나가 보니 평화의마을의 경험은 어느새 큰 자산이 되어 있었다. 회사에서 인정받고 새로운 사람들을 만나며 자신감은 더더욱 커졌고 나도 누군가를 도울 수 있는 사람이 되어 갔다.

권 총무님을 포함한 모든 선생님은 우리들의 부모였다. 각자 살길을 찾아 흩어졌다가도 우리는 친정집을 찾듯이 매년 평화의마을로 모였다. 옛날이야기를 나누며 서로 안부를 물었다. 권총의 얼굴에 하나씩 늘어 가는 잔주름도 눈에 담아 오곤 했다.

그러던 어느 날 권총이 떠난다는 소식이 들려왔다. 그럴 리가 없다. 그분은 절대로 평화의마을에 없어서는 안 될 분이었고 그런 일은 있을 수 없었다. 퇴소생들의 의견이 분분했지만 결국 우리가 해 드릴 수 있는 건 없었다. 다행히 가까운 대동복지관 관장으로 가신다는 소식에 조금은 안심이 되었다. 대동복지관에서도 그동안 해 오신 것처럼 열악한 환경 속에 살아가시는 분들을 돌보시며 쓰러져 가는 집을 보수해 주셨고 그 지역의 아름드리 큰 나무가 되어 계셨다. 세월이 조금씩 흐르면서 우리는 전처럼 모이지 못했지만 그 후에도 권총의 소식은 계속해서 들을 수 있었다. 나와는 전혀 다른 세계의 사람이라고만 생각했던 권총의 막내딸 지명 언니와는 어느새 친자매 이상으로 가까워져 있었다. 언니네 집에 놀러 가면 권총이 계셨기에 언제나, 항상, 거기, 그대로 계실 거라고 생각했다.

내 삶을 부지런히 살아간다는 핑계로 권총의 얼굴을 뵙는 횟수가 조금씩 뜸해졌다. 지명 언니에게 권총의 소식을 물어보면 어느 날은 샨티학교 교장이셨다가 또 어느 날은 제주에 계신다고 했다. 그렇게 못 뵌 지 한참 시간이 흐르고 흰머리 가득한 할아버지가 나를 반겨 주셨다. 여전히 눈동자는 따뜻했고 이미 서른을 훌쩍 넘긴 내게 볼을 비비며 인사하는 것은 잊지 않으셨다. 그렇게 권총이 늙어 가시는 모습을 아주 오랫동안 볼 수 있을 거라고 생각했다. 하나님이 빨리 부르시기 전까진 그랬었다. 설암이라고 했다. 병환 소식을 듣고 다시 찾아뵈었을 때 권총은 조금도 우울한 빛을 보이거나 슬퍼하지 않았다. 여전히 바쁘게 움직이면서 활력 있게 생활하고 계셨다. 그러다 점점 야위어 가는 모습을 마주하고야 실감하게 되었다.

권총이 돌아가시고 장례식장에 정말 많은 사람의 발길이 이어졌다. 슬퍼할 겨를도 없이 오시는 손님을 맞이하고 안내하느라 정신이 없었다. 자유로운 영혼 권총, 늙은전사 권총, 영원한 소년 같은 권총은 얼마나 많은 사람에게 꿈과 희망과 위로와 안식을 주셨을까. 바로 이분들이 그 증거구나 생각했다.

흩어졌던 선후배들이 한자리에 모여 앉았다. 그동안 잊고 지냈던 얼굴들도 마주했다. 20년 만에 엄마, 아빠가 돼서 아이들도 데리고 왔다. 화해의 말들이 오갔고, 그리움의 말들이 오갔고, 대화의 장이 열렸다. 장례식장인데 반가움에 웃고 떠들었다. 진정한 '평화의마을' 같았다. 권총이 가시면서 우리 식구들을 모두 이렇게 모이게 했다고 누구랄 것 없이 입을 모았다. 선물 같은 시간이었다. 비록 평화의마을 강당이 아닌, 권총이 없는 곳이었지만, 우리가 웃고 울며 떠들었던 그 시간 동안 권총이 우리 곁에 머물고 계셨을 것이다. 한 명 한 명에게 수염 장난을 치시면서.

권총, 저의 인생에 와 주셔서, 우리들 인생에 나타나 주셔서 정말 감사합니다. 우리 곁을 떠난 지 7년이 흘렀지만 이렇게 다시 권총을 회상하고 그리워할 시간을 만들어 주셔서 감사드립니다. 당신을 본받아 저 역시 좀 더 나은 사람이 되겠다는 다짐을 잊지 않고 앞으로도 진실 되게 잘 살겠습니다. 언제나 천국에서 평안하시길 기도드립니다!

4. 바보 파랑새, 평화의 마을을 꿈꾸다

이현수(대전광역자활센터 센터장, 전 평화의마을 자원활동가모임 타래박 회장)

삼십여 년 전 시설 폐쇄 조치로 문을 닫아야 할 상황이던 대전애육원. 지금의 평화의마을은 누가, 언제, 어떻게 시작했을까?

1986년 겨울, 권총이 나타났다. 1987년 1월, 대전애육원 모든 식구가 폭설로 뒤덮인 갑사에서 동학사로 넘어오는 새해맞이 계룡산 등반부터 나는 권총과 함께였다. 당시 자원활동가모임 타래박의 회원으로 참여하던 나는 군대에 가기 위해 휴학계를 제출하고 신체검사를 앞둔 상태였다. 매일 밤 10시쯤이면 계란라면 먹으러 오라는 권총의 유혹에 빠져 날 새는 줄 모르고 대화를 이어 가며 꼬박 1년을 밤도깨비로 지냈다. 그동안 교회 청년회와 극단 활동으로 소홀했던 봉사 활동을 통해 새롭게 인생을 설계하고, 아동복지 시설에 헌신하고 싶은 마음에 마치 청소부가 되어 버린 성자처럼 잠시 의지하고 싶었다.

나에게 주어진 첫 번째 과제는 겨울 계룡산 등반 동행이었다. 그리고 며칠 뒤 두 번째 프로그램은 중학교에 올라갈 12명의 초등학생 아이와 기초수학부터 한자, 알파벳 쓰기, 공동체놀이 등을 진행하는 '신나는 ABC 교실'이었다. 오리온 초코파이에 성냥을 꽂아 생일 파티를 하고 함께 먹었던 과자는 구멍가게를 하던 우리 집에서 몰래 가져온 것이었다. ABC 교실은 대학생 자원봉사자들을 대신해서 고등학교에 올라갈 언니와 형들이 선생님이 되기로 하였다. 공부 잘하던 명선이와 지성이가 학습 지도를 맡고 성남이는 규율부장, 놀기를 좋아했던 누구는 오락부장, 타자를 잘 치던 누구는 시험 문제와 학습지를 만들었다. 누구 하나 노는 사람 없이 각자 자기가 잘할 수 있는 일을 하였다.

내가 살아오면서 삶의 의미와 가장 큰 희망을 느끼게 된 것은 바로 이 작은 사건이었다. 바로 '꽃들에게 희망을' 본 순간이었다. 권총으로부터 중학교 진학 예정 아동들을 위한 집단 학습지도 요청받았지만, 방학 중 매일같이 낮 시간에 활동할 자원봉사자를 구하기란 하늘의 별 따기처럼 막연했다. 이때 생각해 낸 것이 바로 형과 언니들이 선생님이 되어 동생들을 돕는 것이었다. 바야흐로 평화의마을 아동자치회가 시작되는 순간이었다. 혼자서는 못 한다고 손사래를 쳤지만, 각자 잘할 수 있는 능력을 발휘하여 모두가 함께 애써 준 덕분에 한 달간의 코스를 무사히 마쳤다. 게다가 설날에는 전체 가족 화합을 위한 설날 잔치를 진행했다. 평소 도움만 받던 아이들이 힘을 모아 동생들을 가르치고 설날 윷놀이 행사와 팔도 말타기 대회까지 해낸 것이다.

그해 봄, 평화의마을을 전국에 알리게 된 평화의마을 소식지가 탄생했다. 밤늦게까지 주일학교 운영에 사용할 예배 순서지를 만들던 어느 날이었다. 권총은 빈들교회 성찬 예식의 주보 한 장을 가져와 보여 주셨다. 밥상 위에 평화의 비둘기가 깃든 그림이었다.

고아원에 그리스도의 평화를, 밥상 공동체를 통해 샘솟는 용기와 행복을 꿈꾸는 것이었다. 이곳을 바로 평화로운 마을로 만들겠다는 소박하지만 예수의 마음이 담겨 있었다. 8절지 주보가 평화의마을의 소식지로 탄생하는, 대전애육원이 평화의마을이라는 새 이름을 갖게 된 순간이었다.

그 후로도 권총은 돈키호테처럼, 오로지 아이들만 바라보며, 바보 파랑새가 되어 평화의마을을 '평화의 마을'로 변화시켜 갔다. 당시 내가 회장으로 있던 우리 타래박은 권총의 끊임없는 요구로 '평화의 마을'을 함께 만들어 나갔다. 아이들이 공동체의 생활과 규칙을 스스로 선택하고 결정하는 아동자치회 활동, 아동들의 재능을 다양하게 키우기 위한 중창단, 풍물반, 태권도반 운영과 외부 학원 수강, 미취학 아동들의 정서 함양과 신체활동을 위한 평마 선교원(놀이방) 운영(타래박은 시설 설치와 교사 급여를 위해 하루찻집을 열고 후원자를 모집했다), 아동들의 호연지기를 키우기 위해 매년 십여 일간 팔도 곳곳을 찾아가는 전국 조국기행, 아동들의 진로를 개척하기 위한 대학

진학, 오래된 수용소형 건물을 가정형 그룹홈으로 새로 지은 신축공사, 퇴소 이후 홀로 자립하기 어려운 퇴소생 누나, 언니들의 주거 공간인 퇴소생 그룹홈 운영(타래박의 회원으로 직장을 다니던 여성 회원들이 전세 보증금과 생활비를 내고 함께 생활했다), 시설 아동을 가정에 복귀시키거나 가족관계를 지속·강화하기 위한 프로그램 운영(타래박 회원들이 여러 날을 밤새우며 기획하고 제안서를 작성해서 삼성복지재단 공모에 선정됐다), 시설의 지역사회 개방을 위한 평마 강좌와 음악회를 이어 갔다. 우리 타래박은 평화의마을과, 권총과 함께하며 학습 자원봉사자 모임에서 자원활동가 단체로 성장할 수 있었다. 사회복지시설의 주변인인 자원봉사자에서 사회복지의 당사자가 되기를 고민했던 회원들의 상당수는 사회복지학을 새로 공부하여 평화의마을 아동복지센터, 대동종합사회복지관, 홈리스지원센터, 중구지역자활센터의 사회복지사로 일하게 되었다. 이후 우리는 여러 사회복지 분야의 시설과 기관의 장으로, 대학의 사회복지학과 교수로, 독립사회복지사로, 끊임없는 자원봉사자와 후원자로 계속 성장하고 있다.

나 역시 평화의마을과 권총과의 만남에서 비롯되어 사회복지학과에 편입하여 졸업하고 사회복지사가 되었다. 대전사회복지협의회, 월드비전 청주용암종합사회복지관, 월드비전 대전한밭종합사회복지관, 대전중구지역자활센터를 거쳐 현재 대전광역자활센터의 센터장으로 일하고 있다. 오늘도 나는 가난한 주민들과 함께 또 하나의 평화의마을을 꿈꾸며 살아가고 있다.

5. 당돌한 김 선생

김미영(전 평화의마을 직원)

　권총이 천국으로 이사하신 지도 벌써 7년이 지났네요. 평화의마을 자원봉사자로 처음 뵙고, 생활지도사로 평화의마을 직원이 되었었지요. 권총은 제가 그동안 만나 왔던 어른들과 다르셨어요. 동에 번쩍, 서에 번쩍 하시며, 남들은 생각지도 못한 새로운 일들을 계획하셨고, 계획에서 그치지 않고 실행에 옮기셨습니다.

　권총은 저를 당돌한 김 선생이라고 부르셨지요. 처음에는 왜 저를 그렇게 부르는지 이해를 못 했습니다. 당돌한 김 선생이라는 말속에 많은 의미가 있겠지요. 시간이 많이 흐르고 난 뒤에 알겠더라구요. 제가 마음에만 담아 두지 않고, 하고픈 말을 다 했었지요. 20대 초반의 어린 애송이가 하는 말을 버르장머리 없다 나무라지 않고 들어 주신 권총이 있으셨기에 그 어린 애송이는 권총처럼 하고픈 거 하면서 여전히 당돌하게 살고 있습니다. 권총이라는 롤모델이 계셨기에 남들이 '미쳤어요?', '미친 거 아냐?' 하는 일들을 거침없이 하고 있습니다. 권총에게 배웠듯이 옳다고 생각하는 일들은 크게 고민하지 않고 저지르며 살고 있습니다. 만약에 권총이 그 어린 싹을 꺾으셨다면, 그 김 선생은 무슨 일을 할 때마다 눈치를 더 보았을 것이고, 지금보다는 평범한 김 선생이 되었을 겁니다.

권총, 기억나세요?

애송이가 초등학교 3학년 남학생 5명을 데리고 목적지도 정하지 않고 무작정 1박 2일 기차 여행을 떠난다고 말씀드렸을 때도 말리지 않으셨고, 모험심을 키운다며 아이들끼리 대전 시내 탐험을 보낼 때도 말리지 않으셨죠. 책임자로서 결코 쉽지 않은 결정이었을 텐데 "갔다 와요~" 흔쾌히 말씀해 주셨지요.

사람은 누구를 만나느냐에 따라 그 인생이 달라질 수 있다고 생각합니다. 항상 공부하라고 말씀하셨고, 일단 해 보라고 말씀하셨지요. 제가 권총을 만나고 어른의 그늘이 얼마나 큰지를 알았습니다. 젊은이들에게 저도 권총 같은 어른이 되어 주고 싶어 흉내를 내며 살고 있습니다.

따뜻하고, 살아 있는 눈빛을 가진 권총, 참 많이 보고 싶습니다.

천국은 어떠신가요? 천국에 사람들을 모아 놓고 '주 하나님 지으신 모든 세계~' 마음껏 찬양을 부르고 계신지요? 모두 함께 천국 탐험을 하고 계실까요? 권총이 먼저 가 계셔서 천국 가는 길이 더 기쁘고 기대될 것 같습니다. 권총이 그리하셨듯 당돌한 김 선생도 이 땅에서의 사명을 즐겁게 잘 감당하고, 훗날 천국에서 뵙겠습니다.

6. 친정아부지, 권총

송춘영(전 평화의마을 직원)

"총무님, 어디 계세요? 보고 싶어요!"

금방이라도 나타나셔서 삐침과 동시에 나 왜 안 찾느냐고 말씀하실 것 같은데, 한 번 가신 뒤로 영~ 안 오시네요. 하도 보고 싶어서 전도사님께 "전도사님, 권총은 우리가 보고 싶지도 않으신가, 안 오시네요." 했더니, MBTI에서 극강의 T일 것 같은 전도사님께서는…. "그렇게 좋은 곳에 갔는데, 송 선생 같으면 다시 오고 싶겠어요?" 하시는 거 있죠? 그 말씀 듣고 '아~ 맞다. 왜 다시 오시겠나?' 했습니다. 그날 이후 생각이 바뀌어 이 세상에서는 총무님 안 기다립니다. 그러면서 그럼, 권총은 그곳에서 뭐 하실까 생각하게 되었어요.

성경에는 죽는 것을 잠잔다고 표현했는데 사람이 잠자는 것보다 더 평안한 것이 없어서 그랬대요. 그렇게 평안히 쉬게 하시다가 예수님께서 재림하실 때 깨워서 천국에서 영원히 살게 한다고 하네요. 잠이란 게 우리가 생각하는 육신이 잠을 자다가 깨어나는 것이 아니라, 아주 잠시 동안 우리를 환난에서 피하게 하시는 하나님의 놀라운 방법이라는 말씀을 들었어요.

하나님께서는 이렇게 잠시 쉼을 주셨음에도 불구하고, 낮잠은커녕 밤에 잠자는 시간도 아까워하셨던 권총은 그곳에서도 사람들과 더불어 평화 운동 하시느라 분주하실 거 같아요. 일찍 쉼을 주신 아기들 돌봐 주고, 아팠던 사람들 위로해 주시고, 당치 않은 말과 행동으로 다른 사람 괴롭히는 사람에게는 큰소리로 호통도 치시고, 억울한 일 당했던 사람들 한 풀어 주시려고 동분서주하시고…. 쉬는 시간에도 하나님 일 대신하시며 의미 있게 뿌듯한 시간들로 채워 가시겠지요~

하나님께서 제게도 쉼을 주신 날 권총을 만나 어떻게 지내셨는지 얘기 듣느라 시간 가는 줄 모르겠네요. 그럴 때 저는 언제나처럼 '하하' 웃으며, '히~' 감탄하고, '어머나, 세상에~ 세상에~ 어떻게 그런 생각을 다 하시고 해내셨어요~'라며 귀 쫑긋 세우고 집중하며 듣겠지요.

권총은 제게 있어 무에서 유를 창조하시는 하나님 비스름하신 분이십니다. 그런 권총이 제게 문자를 주셨어요. 기억하시는지요. 총무님이 서울 사실 때 찾아뵙고 집으로 돌아오는 버스 안에서 사람들이 거의 내려 자리에 앉아 있었어요. "바쁜데 와 줘서 고맙고, 이쁜 딸들하고 잘 살아라~~~ 춘영아, 내가 이러니까 느그 친정아부지 같다. 그치?" 그 생각이 들면 아직도 억누르지 못하는 눈물이 흐릅니다.

혼자서 고이 간직하고 보고 또 본 문자를 어느 날 전도사님께 자랑했지요. 저는 권총께 이런 문자도 받았다구요. 그랬더니 전도사님께서, "살아 있을 때 하도 여기저기 사람들 찾아다니며 만나고 식사 대접 받고 용돈 받고 해서, 왜 그렇게 사람들 귀찮게 찾아

다니냐고 했었는데, 아플 때 사람들이 많이 찾아와서 하나같이 하는 말이, 힘들 때 권총이 좋은 말 많이 해 줘서 살아갈 힘을 얻고, 많은 도움이 되었다고 하더라구요. 그래서 쓸데없이 돌아다닌 게 아닌 거 같다는 생각을 했어요." 하시더라구요.

총무님, 전도사님께 잘 살았다고 인정받은 거 아시죠? 저를 비롯한 평화의마을을 거쳐 간 많은 식구들은 말할 것도 없구요!

살아가며 어려운 일 만나 해결할 방법이 없을 것만 같을 때, 권총의 조언을 구합니다. 총무님은 제 마음에 늘 계시니까요! 그렇지만 많이 보고 싶습니다. 사랑합니다!

반갑게 만날 날 기다리며, 큰딸(지명이보다 나이 많으니) 송춘영 드립니다.

7. 최 총무 수난기

최소자(전 평화의마을 사무국장)

1997년 1월이었죠? 달동네 복지관 관장 자리가 탐이 나서 평화의마을 아동복지센터를 떠나셨나요, 아니면 저를 후임 총무로 승진시키기 위해 복지관으로 떠나셨나요! 어쨌든 관장님께서 평화의마을을 떠나신 것은 저에게는 커다란 장벽으로 다가왔습니다. 평소에 즉흥적인 결정을 잘 내리셨던 관장님이지만 저를 관장님의 후임으로, 총무 직에 앉히신 것은 결코 잘하신 결정은 아니었습니다.

1987년 7월, 저는 사회복지의 개념도 없이 평화의마을에 입사하여 관장님과 같은 공간에서 하루의 대부분 시간을 함께하며 한솥밥을 먹었지요. 10년이라는 시간 동안 관장님의 그늘 아래서 업무 보조만 하면서 큰 부담 없이 잘 살았습니다. 그러던 저에게 새해가 며칠 남지 않은 어느 날, 관장님께서는 아무런

예고나 의사 타진도 없이 제게 총무직을 감당하게 하시고 복지관으로 떠나셨습니다. 저에게 드리워진 큰 그늘이 사라지니 저는 마치 제가 사회복지 대상자가 된 것 같은 두렵고 복잡한 심경으로 괴로웠답니다. 그러나 총무직을 거부할 능력도 없었던 저는 관장님의 후임으로, 관장님께서 만드셨던 프로그램과 업무들을 서투르게나마 흉내 내며 제게 맡겨진 직분을 감당할 수밖에 없었습니다.

대표적으로 여름 방학 프로그램 '조국기행'은 지금까지도 수많은 퇴소생들에게 회자되는, 잊을 수 없는 추억을 선사한 훌륭한 프로그램이었습니다. 지금도 만나면 각자의 기억 속에 있는 조국기행 이야기로 한바탕 웃고 떠들게 되는 최고의 대화거리이지요.

관장님의 정신이 녹아 있는 프로그램을 저는 감히 변형시킬 줄도 몰라 그대로 유지했습니다. 그 외 대부분의 업무도 관장님이 만드신 대로 고수한 덕분에 관이나 다른 시설들로부터 계속해서 인정받는다는 느낌을 받았고, 그것이 저의 자부심이 되기도 했습니다. 자부심을 느낀 것은 저뿐만이 아니었습니다. 당시 우리 시설의 아동들도 학교에서 만난 다른 시설 아동들과 저들끼리 형편을 공유하고 비교하며, 관장님의 마인드가 깃든 '평화의마을'에서 산다는 것에 대한 자부심을 느낀다는 것을 알게 되었습니다.

 관장님이 아니었다면 부족한 제가 이런 과분한 감정을 느낄 수나 있었을까요. 한편으로는 관장님께서 개척하고 일구어 놓으신 것들을 제가 아무리 흉내만 낸다 하더라도 쉬운 일만은 아니었습니다. 관장님은 당신만의 복지 철학으로 큰 획을 그은 분이셨지요. 저는 지금도 관장님은 출생 전에 사회복지사 자격을 취득해서 가져온 분이라고 생각합니다. 반면 저는 관장님 덕분에 뒤늦게 사회복지사 자격증을 취득했을 뿐 그만한 능력은 가지지 못했기 때문입니다. 그럼에도 불구하고 관장님이 이루신 것들을 유지하는 것만으로도 내외부로부터 좋은 평가를 받을 수 있었으니, 가진 능력에 비해 큰 행운을 누렸다고 생각합니다.

관장님께서 대동복지관장으로 계실 때는 자주 뵐 수 있었는데 퇴직하신 이후로는 자주 찾아뵙지 못했습니다. 타 지역에 계셨기 때문이라고 굳이 변명하겠습니다. 그래도 샨티학교에는 가 뵈었는데 제주도에 계실 때는 찾아뵙지 못한 것이 지금까지도 마음에 걸리고 죄송하게 느껴집니다.

그리운 관장님, 천국에도 제주도가 있다면 훗날 꼭 찾아뵙고 사과드리겠습니다.

언젠가 관장님께 야단맞고 섭섭함에 며칠을 토라져 있던 저에게 '언제까지 그렇게 지낼 거요!' 하며 제 마음을 풀어 주셨던 것처럼, 그때도 관장님의 관대함으로 절 품어 주시리라 믿습니다.

3장
늙은전사의 노래

1. 달동네를 하늘동네로

류호영(명화의마을 가양어린이집 원장)

모 방송사에서 진행하는 〈유 퀴즈 온 더 블럭〉 촬영팀이 대동에 왔다. SNS로 전파가 빠른 요즘 시대에 '유재석과 조세호'가 대전에 떴다는 소식은 삽시간에 퍼졌다. '메뚜기 유재석'은 진짜로 대동에 나타났고, 대전 시내 야경을 배경으로 카페 주인장과 일상의 토크를 나누는 장면을 연출했다. 동네 사람들은 어른 아이 할 것 없이 유재석 씨랑 사진을 찍고, 사인을 받으면서 온통 잔치 분위기였다. 대동이 이렇게 전국 방송을 타고 나갈 정도로 명소가 되었다니 삼십여 년 전 처음 대동으로 이사 왔던 그날이 떠오른다.

아버지가 돌아가신 후 어머니는 대전으로 이사를 했다. 용달차 한 대에 살림살이와 함께 실려 온 우리는 큰아버지가 미리 봐 두신 대동이라는 낯선 동네로 이사를 오게 되었다. 엄마는 매년 집주인과 사글세

흥정을 했고, 어김없이 집주인은 방세를 올려서 대동에서만 무려 다섯 번이나 이사했다. 6·25 피난민촌으로 판잣집 마을이 형성된 대동은 그 당시에는 대전의 마지막 달동네로 불렸다. 이래저래 좀 더 싼 방을 찾다 보니 연애바위 바로 밑에 있는 달동네 꼭대기까지 이사 가게 되었다. 해가 질 무렵 무거운 책가방을 메고 수많은 계단을 숨을 헐떡이면서 올라가면 마당에서 보이는 대전 시내 야경이 정말 장관이었다. 방송에서 유재석 씨가 들렀던 야경이 멋진 카페가 바로 내가 대동에서 마지막으로 살았던 바로 그 셋방 옆이다.

대학을 졸업하고 대동복지관의 사회복지사로 다시 대동에 돌아왔다. 대동은 달동네라는 지형적 특징 때문에 재개발도 하지 못한 채 여전히 낡은 그대로였고 그 집에 사는 동네 사람들도 대부분 그대로였다. 달동네 꼭대기에 대동종합사회복지관이 들어선 것이 유일한 변화라고 할 수 있었다. 복지관에서는 열정 넘치는 권술용 관장님을 선두로 대동의 변화를 위해 여러 가지 프로젝트를 시도했다. 그중에서도 쓰러져 가는 폐가를 정리하는 '사랑의 집 짓기'를 시작으로 해서 높은 담벼락에 벽화를 그려 나가는 '무지개 프로젝트'는 동네에 많은 변화를 가져왔다. '아름다운 마을 만들기'로 달동네 꼭대기에 하늘공원을 조성해서 대전 시내의 야경을 한눈에 볼 수 있도록 전망대를 만든 이후로 대동을 찾는 사람들이 점점 늘어났다. 좁은 골목길을 따라 그려진 벽화는 SNS를 타고 퍼져 나갔고, 하늘공원의 야경은 대전의 데이트 코스로 유명세를 타게 된 것이다.

몇 년 전부터는 대동의 집들을 개조해서 예쁜 카페들이 들어서고 주민들의 쉼터가 늘어나고 있다. 처음에는 조용하던 동네에 사람들이 자꾸 찾아와서 시끄럽기만 하다던 지역주민들도 '달동네'라는 딱지를 떼고 생긴 '하늘동네'라는 새로운 별명이 맘에 드는 것 같다. 동네마다 낡고 오래된 것은 모두 부수고 재개발로 인해 정작 원주민들은 살 터전을 잃고 이웃들이 뿔뿔이 흩어지기도 했지만 대동은 살던 집에서 그대로 살면서도 동네를 조금씩 바꾸는 시도를 해 가고 있다. 좋은 동네는 집과 건물이 새것으로 바뀌는 것이 아니라, 살던 사람들이 마을공동체를 이루면서 생활할 수 있는 것이다. 대동의 가장 높은 집에서 전세살이를 하며 그들의 이웃이 되어 달동네를 하늘동네로 바꾸는 데 초석이 되신 권술용 관장님과 함께 다시 한번 대동의 좁은 골목을 느리게 걷고 싶다.

2. 지금 여기서 여전히 응원해 주고 계신 관장님

권부남(대전YWCA 사무총장)

온몸으로 일하셨던 관장님

가정폭력 피해자들을 위한 쉼터에서 일할 때다. 입소해 계신 여성과 아이들에게 바람을 쐐 주고 싶어 관장님께 말씀드려 강원도로 여행을 떠난 일이 있었다. 강원도 통이신 관장님이 여행 가이드 겸 안전 가이드를 맡아 주셨다. 여행 내내 피해자들의 친정아버지가 되어 힘든 마음을 위로해 주셨다. 동해 바닷가에 도착했는데, "바다에 왔으면 바다에 들어가야지!" 하며 갑자기 옷을 입은 채 바다에 뛰어들어 일행들을 놀라게 하셨다. 모두 바다에 뛰어들어 신나게 놀았다. 그렇게 관장님은 어떤 일을 만나든지 재거나 망설이지 않고 뛰어들어 일을 해내셨다. 함께 일하는 직원들은 힘들었을지도 모르겠다. 하지만 여전히 이것저것 생각하느라 옳다고 생각하면서도 풍덩 뛰어들지 못하고 옷이 젖을까, 감기 들까 머뭇거리는 나를 볼 때마다 그때 바다에 뛰어들던 관장님의 모습이 떠오른다.

영성으로 살아 내신 관장님

관장님이 평화의마을 총무로 계실 때 평화의마을 옥탑방에 사셨다. 천안에 사시는 김복관 선생님이 오셔서 주무시고 가신다 하셔서 대전역에서 선생님을 만나 평화의마을까지 함께 걸어가 하룻밤을 묵은 적이 있다. 아침에 일어났는데 말씀 묵상을 하자며 성경을 펴시고 사모님과 마주 앉아 계셨다. 그 모습은 한 폭의 그림, 밀레의「만종」같았다. 앞에 놓인 많은 일들 앞에 겸손하게 무릎 꿇으신 관장님. 관장님은 무릎을 잘 꿇으셨는데 난 그것이 늘 신기했다(좀 덩치가 있으시니 힘들 것 같은데). 여하튼 넷이 앉아 말씀을 읽고 말씀에 비추어 삶을 나누었던 모습은 두고두고 생각난다. 그렇게 바쁘신 가운데 기도로 말씀으로 살아가고 계시는구나. 예수의 삶을 살아가는 힘의

원천을 목격한 것만 같았다. 요한복음 모임, 퀘이커 모임에 함께 참여하기도 했지만, 그날 묵상의 시간은 일에 매몰되어 영적으로 피폐해질 때 다시 나를 돌아보게 하는 경험이다.

먹지 않는 즐거움을 배운 새해 공동 단식

나는 관장님이 주관한 공동 단식 모임을 시작하셨을 때부터 참여했다. 먹는 것을 즐거워하시는 관장님이 단식 모임을 주관하시다니, 관장님은 참 엉뚱하시다. "단식의 즐거움을 알게 될 거야." 하시며 열심히 홍보하셨다. 일하면서 단식하는 것이 쉽지 않을 것이라 생각했는데, 효소 단식을 하다 보니 일상생활을 하면서도 가능했다. 몸과 마음을 비워 보자 싶어 참여한 단식은 내가 얼마나 몸에 관심이 없는지 깨닫는 시간이 되었고 내 몸에 집중하는 시간이 되었다. 직장에 다니며 참여하다 보니 오롯이 참석하기는 어려워 출퇴근을 하면서 단식에 참여하였다. '아~ 영적으로 맑아지는 것이 이런 것이구나!' 느꼈을 때의 기쁨은 말로 표현하기가 어렵다. 게다가 평소 만나 뵙고 싶은 분들을 초청하셔서 귀한 말씀을 듣는 것은 내 영혼을 얼마나 풍요롭게 하는지. 늘 새해 단식이 기다려졌다. 그리고 나도 단식 전도사라는 별명이 붙을 정도로 단식 프로그램을 알리는 데 기여했다. 평화의 마을과 대동복지관 또는 대전 근교에서 하다가 출퇴근이 어려운 먼 지역에서 공동 단식을 하기도 했는데, 그때도 홀로 단식에 참여하면서 새해를 맞이하는 것이 하나의 새해 의식이 되었다.

사람을 사랑하는 방법을 보여 주신 관장님

청소년 시기 처음 간 대전애육원에서 관장님을 만난 뒤 관장님이 청하시거나 시작하시는 일에 참여를 많이 했다. 관장님이 복지관에서 일하실 때 장애인 이동봉사대를 시작하셨다. 지금이야 장애인 콜택시가 생겼지만, 그 당시에 장애인의 외출은 요원한 일이었다. 나는 차가 생기면 꼭 봉사하리라 마음먹었는데 생각지도 않게 빨간 '티코'가 생겨 야학에 다니는 장애인을 위해 퇴근 후에 차량 봉사를 할 수 있었다. 성폭력 상담소에서 성교육 업무를 하던 때였다. 장애인을 만나면서 장애인의 성 문제에 관심 갖게 되었고 장애인에게도 성이 있는가 하고 인식하던 시기에 장애인과 함께하는 성 캠프 프로그램을 만드는 계기가 되었다. 소록도에 가자고 하셔서 처음 소록도에 발을 디디고 나서는 오히려 한센인들에게 넘치는 사랑을 받을 수 있었다. 평화의마을 시절부터 시작한 청소년 모험 캠프도 Y-틴 청소년들과 같이 참여하면서 청소년들이 가진 힘과 능력을 더 알아차리고, 관장님의 노숙인을 위한 고민을 지켜보면서 사람을 사랑하는 법을 배웠다. 생명평화결사 모임, 녹색대학 발기인, 한밭레츠 등 여러 모임에 참여하고 연대하기를 통해 다양한 방식으로 세상의 변화를 꿈꾸도록 이끄셨다.

관장님은 내가 여전히 YWCA에서 생명을 살리는 일에 애쓰고 있음을 지지해 주고 응원해 주고 계시리라 믿는다.

3. '그 사람'을 추억하며

김봉구(목사, 대전 외국인복지관 관장)

대전에 씨올 함석헌을 따르던 제자들이 몇 분 계신데, 그중에 한 분이 평화의마을에서 총무로 계시다가 대동복지관장으로 계시다 7년 전 작고하신 故 권술용 관장님이시다. 권 관장님은 1940년생으로 함 선생님이 천안에서 씨올농장을 하실 때 같이 농장에서 구슬땀을 흘리며 그분의 철학을 배운 분이시다.

권 관장님에 대해서는 설명 안 해도 높은 인격과 왕성한 사회복지 활동가로 존경받는 분이셨다. 그래서 그분 장례식도 시민사회장으로 모셨었다. 그분을 보면 함석헌 선생이 연상될 정도로 씨올의 제자다운 삶을 살다 가신 분이시다.

1999년 대동복지관 관장님이실 때 만났는데 그때 나는 목원대 신학대학원을 다니며 노숙인 사역을 하고 있었다. 평화의마을에서도 대전역 근처에서 노숙인 쉼터를 운영하고 있어서 자연스럽게 만나게 됐고, 대학원 졸업 후 외국인 사역을 하면서 또 뵙게 됐는데 처음에는 나를 먼발치에서 지켜보고만 계셨다. 지면에 쓰기 곤란한 그 당시 사연이 있지만 나중에는 '김봉구, 물건이네!' 하시며 칭찬해 주셨다.

권 관장님의 첫째 아드님인 친구 지훈이도 이때쯤 만나 인연을 맺게 됐는데 부친을 따라 계속 사회복지 분야에서 왕성한 활동을 해 오고 있고, 지금은 그 범위를 세종까지 확대했다. 아버지를 닮은 영락없는 붕어빵이라 심성이 곱고 착해 어떤 어려움도 잘 극복해 내리라 믿는다.

둘째 아드님은 대전 침신대 사회복지학과 교수로 재직 중인 지성인데 역시 권 관장님 아들다운 면모를 보여 주고 있다. 이상하게 나와 만난 적은 없는데 집사람이 충남대 사회복지 석사 과정 때 몇 번 강의도 청강하며 만났다는 이야기를 듣곤 했다.

권술용 관장님은 사회복지계 아이디어 뱅크로도 유

명하시다. 뭔가 창조적인 일을 많이 만드시던 분이라 체질적으로 틀에 박힌 샐러리맨으로 사실 수 없는 성정을 가진 분이었다. 그분의 사역은 너무 많고 유명해 여기에 다 열거할 수 없을 정도다. 그를 따르던 분들이나 자제분들이 그의 활동을 책으로 정리하면 좋을 것 같다. 일대기도 좋고, 그분과 인연이 있는 분들의 글을 모아 책으로 엮어 내도 좋겠다고 생각했는데 이번 회고록 발간에 함께 참여하게 돼 기쁜 일이다.

스승으로 모셨던 씨올 함석헌 선생님처럼 늘 수염을 기르셨고, 생활 한복을 입고 다니셨다. 아들 지훈도 늘 생활 한복을 입고 다녀 만날 때 마다 돌아가신 권술용 관장님이 떠오른다.

2010년 10월, 은행동에 외국인복지관 입주식을 할 때 권 관장님이 축하해 주시러 찾아 주셨다. 행사를 마치고 기념사진을 찍을 때도 관장님은 앞으로 오시라고 해도 극구 괜찮다며 맨 뒤에서 조용히 응원해 주셨다. 늘 겸손하시고 후배들에게 든든한 버팀목이 되어 주신 분이셨다. 내 인생에 '그 사람'이셨던 관장님이 늘 그립다.

"온 세상이 다 나를 버려 마음이 외로울 때에도 "저 맘이야" 하고 믿어지는 그 사람을 그대는 가졌는가"

– 함석헌

4. 한밭레츠에서 만난 권술용

김성훈 회오리(현 품앗이생협 이사장, 전 한밭레츠 실장)

권술용 선생은 2002년 2월부터 2006년 2월까지 4년간 〈지역품앗이 한밭레츠〉 대표를 맡았다. 한밭레츠는 1999년 대전의제21추진협의회의 사무처장이었던 박용남 선생의 제안으로부터 시작되었다. 2000년 2월 창립 행사를 하고 2001년 5월 의제21에서 독립하여 운영하다 비영리 민간단체를 등록하기 위한 제1차 총회에서 권술용 선생이 대표가 되신 것이다. 그해 한밭레츠 회원이 주축이 되어 민들레의료생협(현 민들레의료복지사회적협동조합)이 5월에 창립하게 된다.

나는 대전의제21추진협의회 간사로 일하다 한밭레츠 일을 하면서 민들레의료생협 설립을 준비하던 그 시기에 권술용 선생을 만나게 되었다. 한밭레츠는 회원 간에 이름 대신 호칭 없이 별명을 부르던 문화가 있어서 우리는 늘 권총이라고 부르거나 당시 대동종합사회복지관, 대전중구자활후견기관에 재직 중이셨기 때문에 관장님이라고 부르기도 하였다. 수염 기르기 운동을 하시면서 다음 카페를 운영 중이실 때는 '늙은전사'이기도 하셨다.

민들레의료생협의 초대 이사장이었던 김조년 선생과 더불어 권술용 선생은 함석헌 선생의 영향을 깊게 받은 분들이었다. 개인적으로 10여 년이 지나 김상봉 선생, 박재순 선생의 강연을 듣고 감명 받아 뒤늦게 함석헌 선생을 공부하게 되었다. 그 이후 대전에서 일어난 한밭레츠와 민들레의료생협의 운동을 씨올사상과 씨올운동으로 되새김질하게 되었다.

권술용 선생이 돌아가신 지도 벌써 7년이 되었고 솔직히 몇 가지 인상적인 기억 외엔 선생의 말씀과 숨결이 희미해져 있다. 정작 본격적인 지역사회 활동은 선생의 장남인 권지훈 형과 많이 했다. 지훈 형과는 술 한잔 기울이며 우리는 같은 아버지를 두고 있는 형제라고 말하기도 하였다. 그만큼 권술용 선생은 내게는 지역사회 아버지 같은 존재였다. 아버지는 아들을 잘 돌봐 주시고 키워 주셨으나 아들은 효자 노릇을 한 적이 없다.

 선생과 한밭레츠의 인연에 대한 글을 쓰겠노라 약속하고 차일피일 미루게 되었다. 선생에 대해 꼼꼼한 기록을 하자니 주어진 시간이 없었고 내 기억력은 형편없기 때문이다. 다행히 여전히 살아 있는 한밭레츠에서 선생이 쓰신 몇 가지 글들을 찾아 보게 되었다. 선생은 대표직을 퇴임하시고도 운영위원으로, 또 회원으로 언제나 한밭레츠에 대한 큰 기대와 열정을 불태우셨음을 새삼 알게 되었다. 그중 선생이 한밭레츠가 나아갈 방향에 대하여 가장 크게 역설하신 글을 찾게 되었다. 다음은 2008년 11월 27일 한밭레츠 게시판에 올린 글이다.

풀뿌리 지역통화운동 〈한밭레츠〉 10주년 행사를 2009년 4월에 열게 되기 이전에, 우선 송년의 밤 행사에서 전임 대표로 조언과 고언과 제안을 '늙은전사'가 드리고자 합니다.

새로운 나라 〈한밭레츠 공화국〉을 세운다

〈한밭레츠〉 33인 생활결사! 로 강력한 동력을 만들어 내고 이를 바탕으로 무너져 내리는 현재의 경제위기인 자본주의 체제의 대안으로 사람이 행복한 나라 〈한밭레츠 나라〉를 세우자는 것입니다. '늙은전사'는 2년 전에 "〈한밭레츠〉 33인 생활결사"를 제안했고 이미 운영위원회에서 실행을 결의하였고 회오리가 덧붙여 시행 제안을 올렸고 동조하는 회원들이 조금 있었으나 지금까지 움직이지 않고 있습니다.

이미 여러 해 전부터 조짐들과 예측들이 있었던 경제위기는 만년설 빙하가 굉음을 울리며 녹아내리듯 그에 못지않은 속도로 가속하며 다시 돌이키기 어렵게 무너져 내리고 있습니다. 〈소돔 고모라〉같이 불타고 있어 〈절대 뒤돌아보지 말라!〉는 굉음까지 울리고 있습니다.

공산혁명으로 붕괴 직전, 인구의 95% 이상이 기독 신자인 러시아 국교 〈희랍정교회〉가 성직자의 예복 옷술의 넓이를 가지고 여러 달 논쟁하는 때 지하에선 몇 명의 공산주의자들이 혁명을 모의하고 있었다는 이야기가 기억납니다.

어때요, 너무 과격하고 위협적인 표현인가요. ^^* ^^*

이제 더 이상 이대로는 미래가 없습니다. 그리고 새로운 세계의 도래는 엄청난 재난, 고통, 희생의 대가가 치러집니다. 전쟁 이외에도 지구 환경파괴로 인한 온난화, 자원 고갈, 지구 축의 이동으로 인한 대재앙들을 어찌합니까? 인류의 회개와 대 각성, 영적 힘과 아울러 노동 등으로 강인한 체력, 함께 살기 위한 나눔, 배려. 희생 없이 지구에 흔적 안 남기기 저공해 생존법 없이 될 법이나 있겠나요? 며칠 전 강화도 마리대안학교 황선진 교장께서 던진 화두 〈나라 세우기〉의 연장입니다.

한 지역에 30여 명의 동조자(국민)만 있으면 사람을 세울 수 있으며 국가 나아가 글로벌로는 300명이면 국가를 세울 수 있다는 것이지요. 풀뿌리 지역통화운동 〈한밭레츠〉

10주년 행사를 2009년 4월에 열게 되기 이전인, 3·1절에 33인이 두루마기를 떨쳐입고 생활결사를 결의하는 선언서를 낭독하는 출범식을 갖자는 것입니다, 가족까지 108인이 회원들과 동조하는 원근의 내빈까지 모인 자리에서 〈한밭레츠공화국〉 출범 독립선언을 내외에 천명하는 것입니다.

일정은 3·1 선언식의 100일 초읽기(11월 21일부터 시작)에 들어가 11/15 송년의 밤 발표. 운영위, 총회를 거치며 불을 지펴 나가는 것이지요.
이런 이벤트는 찬반이 물론 엇갈릴 수 있습니다. 생뚱맞음, 서투름, 생소함, 서먹서먹함…. 그러나 항상 처음은, 익숙하지 않은 새 길은 늘 그렇습니다. 그러나 곧 머지않아 익숙함으로 일상으로 받아들이게 됩니다. 3명의 동조 열정가만 있으면 됩니다. 3명으로 행복 바이러스를 펼칠 수 있으니까요.

생활결사!?

어려울 게 하나 없습니다. 지금까지의 일상을 조금 업그

레이드하여 큰 가족의 의미, 교육, 새로운 세계를 여는 자존감, 생활의 실용 검소 등 의미를 부여하고…. 그렇게 엮었을 뿐이지요. 생활결사는 실용적이고 재미있고 감동스러워야 합니다.

생활결사란,
1) 생활비 혹은 먹거리의 10~20%를 레츠 지역통화로 거래한다.
2) 매월 1회 교양강좌, 계절강좌, 계절별 선진지 순례 참여 의무
3) 월 10,000원 정도 회비로 복지공동투자 의무
4) 빈 밥그릇 운동 등 검소하고 친환경적인 운동을 모두의 삶터에서 펼쳐 나간다 등이지요.

그래서 〈한밭레츠〉가 지금까지 메마른 곳으로만 알려진 한밭에 〈공동육아〉, 〈대안학교〉, 〈민들레의료생협〉 등 여러 가지 뜻깊은 모임을 배출했듯이 이제 새로운 동력원을 만들어 행복한 삶터를 더 만들어 내자는 것입니다.

〈한밭레츠〉 33인 생활결사로 강력한 동력을 만들어 내고

> 이를 바탕으로 무너져 내리는 현재의 경제위기인 자본주의 체제의 대안으로 사람이 행복한 나라 〈한밭레츠 나라〉를 세우자는 것입니다.[2]

2008년은 미국발 금융위기로 전 세계가 큰 충격에 빠졌던 시기이다. 세계를 움직이는 탐욕에 가득한 금융업자들의 무책임함과 부도덕함으로 전 세계 민중들이 집을 빼앗기고 길거리에 나앉을 때 그들은 7천억 달러의 공적 자금으로 회생하여 임원 성과급 잔치를 벌였다. 뉴욕대학의 누리엘 루비니 교수가 말했듯이 이익은 사유화하고 손실은 사회화하는 시스템의 정점이었다.

이때 권술용 선생은 황선진 선생으로부터 영감을 받아 나라세우기 운동의 일환으로 한밭레츠 공화국을 제안하신 것이다. 선생에게 나라, 공화국이란 전국민 투표에 기반한 행정, 입법, 사법의 국가 시스템과

---

[2] 출처: 한밭레츠 홈페이지 www.tjlets.or.kr

는 다른 것이었다. 동학혁명운동 당시의 집강소나 해방 직후의 인민위원회와 같은 것이고 5·18민주화운동 당시 민주시민투쟁위원회와 궤를 같이하는 것이다. 나아가 1871년 3월 18일부터 5월 28일에 있었던 프랑스의 파리코뮌과 같은 시민 자치정부와 같은 것이다. 이러한 선생의 사상과 신념은 함석헌 선생으로부터 그 뿌리가 있을 것이다.

권술용 선생과, 뜻과 실천을 다시 한번 되새긴다. 노병은 죽지 않았다. 노병이 만난 곳곳의 현장에 씨올이 자라고 있다.

5. 우물을 파면 개구리가 모인다

김현채(대동종합사회복지관장)

벚꽃이 화사하게 피고 지고, 연산홍이 붉게 피는 5월이면 권술용 관장님이 그리워집니다.

어느덧 7주년이 되었네요.

관장님과 함께한 20년, 저에게는 배움과 성장의 시간이었습니다.

지금도 동네 어르신들과 인사를 하면 권술용 관장님 이야기를 하시는 분들이 많습니다.

대동복지관과 저와 함께한 수많은 사업 중에 고인께서 정성을 쏟았던 사업들이 지금도 이어지고 있고, 많은 생각이 납니다.

사랑의 집 짓기, 연탄 나눔, 노숙인 사업, 청소년 조국기행, 소록도 봉사 활동, 영성 공동 단식, IMF대전실업극복운동, 영농 사업단, 자활사업단, 사회적기업, 마을기업, 절인배추 사업단, 대보름 척사대회, 제주강정마을, 샨티학교 등등. 미처 열거를 못 한 사업·

시민운동들이 더 많다는 것을 늙은전사 권술용 관장님을 기억하는 분들은 잘 아실 거라 봅니다.

  제가 모시고 일하면서 권술용 관장님께서 평소에 말씀하신 몇 가지가 기억이 납니다.
 '말을 적게 해야 한다.'
 '겸손은 최고의 덕목이다.'
 '어렵다, 안 될 것 같다는 생각보다 해 보자! 하고자 하는 일이 많은 사람에게 이로운 것이라면 반드시 길이 열린다.'
  늘 이렇게 말씀하셨습니다.
  그 영향으로 대동복지관 실천 정신을 "우물을 파면 개구리가 모인다."로 정했습니다.
 '노동과 농사로 땀을 흘리는 것은 자기 삶을 일깨워 준다.'라고도 하셨고, '여행을 할 때 비를 쫄딱 맞아 보는 것도 배움이고 좋은 추억으로 남는다.'라고도 하셨습니다.
  장마철 청소년 조국기행 지리산 종주 코스에서 관장님과 청소년 30여 명과 20시간을 걸으면서 비를 맞았던 기억이 납니다.

  돌이켜 보면, 이러한 말씀들은 저에게 깊이 새겨져, 두렵고 어려울 때도 용기 있게 실천하는 현장 사회복지사로 살아가는 원동력이 되었습니다.

  앞으로도 그 가르침 계속 이어 가겠습니다.

  권술용 관장님, 많이 그립습니다. 보고 싶습니다. 그리고 감사합니다.

6. '늙은전사'의 퇴임 인사, 새 길 떠나기[3]

권술용

사랑하는 벗이여!

어려운 지난 한 해를 보내고 이제 더 어려울지도 모르기는 하지만 희망찬 새해에 하늘로부터 은총이 가득 내리시기를 기원합니다.

이제 '늙은전사'는 만 22년간의 〈평화의마을〉 사회복지 현장을 마감하고 내일 12/31을 끝으로 퇴임을 하게 됩니다. 아직 잔여 임기가 몇 년 남았지만, 후진에게 길을 열어 주고 아름다운 마무리, '오래된 새 길', '지속 가능한 내일'을 위한 긴 '쉼'의 길을 떠납니다.

대동종합사회복지관장 후임으론 김현채 부관장이, 대전홈리스지원센터장엔 김의곤 실장이 지난 평화의마을 이사회에서 선임되어 행정 절차를 모두 마쳤습니다. 또한 평화의마을 이사도, 사)대전실업극복시민

---

[3] 출처 : 다음 카페 '늙은전사의 노래'

연대 대표도 마감합니다.

 신임 김현채 관장은 15년의 현장 경력으로 열악하기로 잘 알려진 대동복지관에서 12년을 '늙은전사'와 동고동락하며 힘들고 어려운 지역 복지의 새 길을 열어 가고 있으며 박사 과정까지 수료한 중견이 되었습니다. 신임 김의곤 센터장은 국가 환란 시 대전역 현장에서 '늙은전사'와 함께하며 이직률이 가장 높은 노숙인 복지 종사자 중 전국에서 가장 장기 근속자이자 기획 전문가로, 지난 10년간을 홈리스 쉼터 쪽방에서 생활하며 대전홈리스센터를 전국에 중심 기관으로 세웠습니다. 그리고 '대전 핸드벨콰이어'의 단장으로서 전국 제일의 연주 팀으로 일궈 낸 부드러운 노총각입니다. ^^* 이들을 잘 이끌어 주시고 도와주시기를 간곡히 빕니다.

 '늙은전사'는 천막촌에서 호떡 장수로 살다가 주위의 선생님, 선배, 친구들 도움을 입어 아동시설 총무로 10년, 복지관장과 노숙자센터, 그리고 지역자활센터장으로 모두 20여 년, 그리고 사)대전실업국민운동, 지역통화운동 〈한밭레츠〉, 인도 〈생명누리공동체〉 등 대표로 '부귀영화'를 누리며 원 없이 잘 살았군요. 얼마나 많은 지인들이 도와서 오늘에 마무리를 하게 되었는지 깊은 감사를 드립니다.

사회복지 분화기에 편승하여 '입체적이고 낭만적인 상상력'으로, 좀 모험적인 일들을 펴 왔으며 어려운 이와 함께 바닥에서 함께 울고자, 늘 칼날 위에 서고자, 절제하고 삼가고자 했으나….

그러나 그게 얼마나 '왕 사기꾼'의 짓인가 자탄도 하며, "원 저것도 고생이라고, 고민거리라고 울상이람!" 남들 핀잔도 하였습니다. 그러면서 새 길을 찾아 나서고자, 남들이 잠자고 있는 미명에 새벽 먼 길을 많이도 떠나 보았으나 늘 제자리걸음, 지금의 이 모양 요 꼴인 꼴불견의 생애였지요.

이제 다시 새 길을 떠납니다. 우선 한반도를 100일(혹은 더 오래) 걸어서 길 떠나고자 합니다. 내일

12/31부터 한 주간 20년차 새해맞이 공동단식을 마치고 제10회 세계·인도 생태공동체순례(1/9~23) 마치고 바로 떠나고자 합니다. 무릎이 시원찮아 (자전거로라도) 걱정이지만 걷다 보면 10kg쯤 체중이 줄면 괜찮겠지요.

그간 20여 년간의 공동 단식으로, 조국기행으로, 소록도로, 세계생태공동체순례로, 생명평화로, 후원자로, 독자로 맺어진 신기하게도 전국에 골고루 흩어져 청정하게 살고 있는 지인들을 찾아 나서고자 합니다.

풍찬 노숙, 탁발로 우리 쌀 지키기 100인 105일 걷기 5년을 한반도 길 위로 걸은 생명평화결사를 이어서 지금은 미래에 대한 아무 계획이나 생각 없이 우선 100일을 걸으며 잘못 살아온 것들에 대한 뼈아픈 깊은 성찰로 새 길을 걷고자 합니다.

70의 나이에 스스로를 내동댕이쳐 바깥 한데 바람에서 생태적인 생체실험을 하고 최소한의 생활로 살아 보지 않으면 따로 구원의 길이 없다고 여깁니다.

앞으로 다가올 지구 종말적인 대재난에 생태, 영성 그리고 육체의 연단…. '뫔(몸+맘)'의 다스림…. 이 길만이 살길입니다. 또한 너무 바쁘게 살아온 후의 충격 완충의 탁월한 방법이겠지요.

연단…. 자발적인 가난으로 성숙하여 돌아와 일터는 떠나지만 지역에 그대로 살게 되며 〈평화의마을〉과 인도 〈생명누리 공동체〉와 지역에 백의종군으로 그림자같이 무언가 보탬이 되기를 소망도 해 보며….

길 위에서 만날 반가운 오래된 새 얼굴들을 설레며 그립니다. 재워 주고 먹여 주실 거고 밤새 이야기 나누어 줄 것이지요?!

밝은 새해를 비오며….

2008. 12. 30.

7. 퀘이커 모임에서 만난 권총

배현덕(서울퀘이커 친우)

나는 10여 년 전쯤에 대전에 있는 퀘이커 모임에 가끔씩 참석하였고, 그때 대전 모임에서 권총을 처음 뵈었다. 그 시기에 권총은 거동이 불편해 보였고, 말씀은 적었지만 왠지 모를 무게감이 느껴졌다. 퀘이커 서울 모임은 이화여대 뒷담에 붙어 있는 2층 주택인데, 1층은 임대를 주고 2층은 예배실로 사용한다. 권총의 사모님이 먼저 서울 모임에 나오기 시작한 시기에, 권총 따님의 가족 이사 시기와 서울 모임집 임대 시기가 잘 맞아서 따님 가족이 1층에 이사 와서 권총이 돌아가실 때까지 5년 정도 사셨다. 사모님도 같이 살면서 손자들을 돌보고 집안일을 꾸리셨다.

보증금 2,000만 원이 전 재산이라는 사모님. 깜짝 놀랐고 나 같은 부류의 사람들과는 다른 삶을 사셨구나 느꼈다. 자본주의 큰 바닷속에서 "돈 없는 세상"을 몸소 사셨구나 느꼈다.

문경의 샨티학교 정호진 교장이 학교 설립 2년여 만에 갑자기 그만두는 바람에 공동 설립자인 권총이 교장을 맡게 되었다. 강정 활동을 접고 샨티학교 일에 전념하셨는데 그때 나이가 75세 전후로 기억한다. 70대 열정가 권총은 거의 매주 주말 문경에서 상경하여 시민단체 활동에도 관여하셨다. 일요일 서울 모임에도 자주 참석하셨는데, 1시간 동안 침묵 예배 시 한두 차례 바닥에 누워서 예배를 보신 적도 있었다.

사실 나는 권총과 독대하여 퀘이커 사상이나 퀘이커에 관련하여 서로 나누는 시간이 아마도 없던 걸로 기억한다. 그러나 권총의 퀘이커 사상은 거의 함석헌 사상과 혼재되어 있을 것으로 추정한다.

일요일 예배 모임 후에 서울 시내 시민단체 집회 두 곳에 참석한다고 같이 가자고 해서 같이했다. 나는 형편상 한 곳만 참석하고 왔다. 2014년도에 한 번은 권총이 조계사에 같이 가자고 해서 갔는데, 조계사 내에는 제주 강정 해군기지 반대 캠프가 막 꾸려졌고 강정마을 활동가 박용성 님이 캠프에 상주하고 있었다. 캠프가 철수할 때까지 조계사에 자주 놀러 가서 조계사 내부에서, 심지어는 서울 정부종합청사 정문 앞에서 박용성 님을 따라서 백배 절 명상을 하게 되었다. 강정 해군기지는 2017년도에 완공되었지만 대중국 전쟁 기지 반대 활동은 접지 않고 지속해 와 6,000일을 넘겼고, 강정마을과의 연을 현재까지도 지속하고 있다.

권총이 샨티학교 닭장을 짓는다고 이메일로 지원자를 모집해서, 한번은 퀘이커 친구들 4명이, 두 번은 내 친구들 4명이 1박 2일로 문경에 다녀온 적이 있었다. 닭장 바닥을 정리하고 울타리를 치면서 망치로 못을 박았다. 저녁에 식사하면서 학교 사정을 들을 수 있었다. 커다란 폐교를 기업으로부터 임차하면서 권리금이 2억 원 들었고, 연세가 3,000만 원, 20여 명 교사 급여가 매월 2,000만 원 이상. 손익 분기점은 학생 수 50명인데 그 당시 45명…. 폐교를 왜 이리 비싸게 얻었을까?

조금 지나서 샨티학교에서 권총이 봉고차에 치어서

다치셨다는 얘기를 전해 듣고는 나는 직감적으로 경제적인 압박에서 오는 초조함에서 비롯된 게 아닐까 추측했다.

얼마 지나지 않아 설암을 진단받아 서울 모임 1층 딸집에 계시면서 간병을 받으셨는데 큰 대학 병원 수술이나 치료를 거부하고, 우리 의술 자연 치유를 고집하셨다. 그러나 효과를 전혀 보지 못해 너무 아쉽고 안타까웠다.

샨티학교행이 아니었더라면 강정에 그대로 계시거나(문정현 신부님은 아직까지도 강정마을을 지키고 계신다) 서울에는 권총의 활동이 필요한 단체가 여기저기 널려 있었을 텐데….
지금쯤 권총과 막걸리 마시며 좀 더 친해질 수 있었을 텐데.

8. 이제야 당신의 봄을 기다립니다

서수미(전 샨티학교 대표교사)

"수미 쌤~ 내 소원은 우리 마누라 무릎에 누워 잠들다가 죽는 것이라네. 허허허."

마지막일지도 모른다는 생각에 서둘러 상경했던 그 날이…… 진짜 마지막일 줄이야…….

무에 그리 산더미 같은 무게를 짊어지었기에 이제야 훌훌(?) 털고 떠난 쌤을 위한 글을 적습니다. 마지막 순간조차 쌤다운 모습으로 멋지고 당당하게 하늘소풍을 떠나셨지요. 해맑고 순수한 영혼이 미소 지을 때 세상이 반짝 빛나는 것처럼, 그렇게 쌤의 유언은 그 순간도 반짝, 빛이 났습니다.

쌤과의 인연은 2010년도 어느 가을, 생명누리 사무실에서의 첫 면접 때였습니다.

"상주에서 여행학교를 시작하려는데, 수미 쌤 이력

을 보니 딱인 것 같아요!!"

면접이 채 끝나기도 전에 합격 도장을 찍으신 것입니다. 하얗게 센 백발과 사람 좋은 웃음, 그리고 이웃집 친한 할아버지 같은 인상이 내 맘을 움직이게 했습니다.

'아, 이런 분과 학교에서 일한다면 뭔가 재밌고 상상력이 넘쳐 날 것 같아.'

속은 이미 오케이를 외쳤지만, 겉으론 담담하게 최후통첩을 기다리겠다며 집으로 향했지요. 그렇게 최종 합격이 되어 샨티학교로 향한 그해 겨울은 너무도 참담했지요…….

이미 개교 준비가 다 됐으니 몸만 오라시던 쌤의 달콤한 유혹(?)은 황량한 시골 폐교의 기초 공사도 안 된, 그야말로 맨땅에 헤딩하는 꼴이었지요. 나중에 차차 알게 된 사실이지만, 쌤의 화법에 말려들어 가는 사람들이 주변에 엄청 많다는 것. 그러면서도 결코 미워할 수 없는 마법이라는 것. 이것이 권술용식 휴머니즘이구나! 히는 감탄을 자아내게 했답니다.

열정과 상상력이 뛰어나신 쌤께서는 국내외를 넘나드셨고, 샨티학교를 대안학교계의 '노매드 학교'로 키우셨습니다. 문턱이 낮고 누구나 삶을 함께 나누고, 아이들을 함께 키우는 학교로 만드셨습니다. '샨티 교육 공동체'라는 너른 울타리 속에서 울고 웃었던 시간들이 저희들을 더욱 단단하게 만들어 주었습니다.

아침에 출근하면 어김없이 텃밭에서 아이들과 쟁기를 같이 끌던 모습이 아직도 선합니다. 꽃밭은 왜 그리도 잘 가꾸시던지. 손이 가는 곳마다 화사한 꽃들과 나무들이 늘 샨티동산을 물들여 놨지요. 철마다 감자, 옥수수, 고구마를 캐면 어김없이 학부모님들과 고마운 분들께 답례품을 보내고, 아이들에게는 몰래(?) 라면, 치킨, 짜장면을 사 주시면서 함께 친구처럼 대해 주셨지요. 교사들에겐 든든한 멘토이자 스승이요, 아이들에겐 푸근한 할아버지요, 학부모들에겐 손 큰 친정어머니 같았지요.

'삶이 곧 교육'임을, 백 마디의 말보다 온몸으로 사

셨던 쌤이 계셨기에 오십이 넘어가는 저도 항해를 멈출 줄 모르게 됐습니다.

그렇게 당신이 떠나간 자리에, 그리고 당신을 기억하는 심장들에게 이제야 봄이 찾아오고 있습니다.
너무도 늦게 마지막 이별을 고해서 미안합니다. 그리고 사랑합니다.

9. 샨티학교의 영원한 교장 권술용 선생님을 기리며

황우승(샨티학교 이사장)

고향을 떠나면 집이 그립고 세상이 어지러울 때는 스승을 찾게 된다. 지금 권술용 선생님이 그리운 까닭이다. 샨티학교의 영원한 교장 권술용 선생님, 그분을 아는 사람이 많다. 올바른 생각을 하는 이라면 누구라도 다 그와 통하게 되는 그런 사람이기 때문이다. 이 말은 권술용 선생님은 흔한 보통 사람, 함석헌이 말한 '씨올'이었다. 다시 말하면 그는 "'씨올'이라면 그렇게 살아야지." 하는 바람대로 살아간 사람이다. 특히 샨티학교에서 '살아가시는 모습 그 자체'로 의미가 있던 권술용 선생님은 이제 '그렇게 살아가셨던 분이 계셨다는 그 사실'로 더욱 우리에게 의미를 갖게 되었다.

내가 선생님과 연을 맺게 된 것은 어찌 보면 운명적이라고 생각한다. 선생님을 처음 만난 때는 영국에서 방학을 맞아 잠시 귀국하여 방문한 서울 퀘이커 모임에서였다. 그 이후 한국으로 돌아와서는 새로운 모임을 위해 선생님과 자주 만나게 되었는데 매번 샨티학교에서 함께 일하자는 부탁을 하셨다. 지금은 선생님께서 큰병을 얻으신 후 선생님의 뜻을 따라 샨티학교를 이끌고 있다. 그러면 권술용 선생님은 교장으로서 어떤 학교를 꿈꾸었을까? 이를 위해 권술용 선생님의 생각을 좀 가다듬을 필요가 있다.

함석헌의 제자

선생님은 무엇보다 함석헌의 제자였음을 잊지 않았다. 함석헌은 사람을 좀 더 종교 철학적인 함의가 들어 있는 '씨올'이라는 말로 대하였다. '씨'는 여러 모양으로 보이나, 그 속에 '올'은 다 같은 것이다. '올'은 전체를 담고 있는 알갱이로 '생명'이다. 그러기에 겉은 달라도 속은 같다. 여기서 '씨올사상'은 겉으로 드러난 씨의 다양한 다름을 가지고 차별하지 않고 같은 생명을 품고 있는 것으로 이해하여 평등하고, 평화로운 사회를 꿈꾸는 교육관을 갖게 된다. 그래서 샨티학교는 '생명과 평화를 강조하는 교육'을 한다.

비형식주의자

다양한 씨의 겉모습을 보고 차별하지 않으니 어떠한 형식에 치우치지 않고 모든 사람을 다 받아들인다. 이런 면에서 선생님은 철저한 비형식주의 교육자이다. 모든 형식적인 겉치레의 행동은 일체 배제한다. 옷을 입어도 넥타이는 매지 않고 편한 생활복을 입고 고무신을 신는다. 지나가다 강물을 보면 훌러덩 옷을 벗고 뛰어들어 헤엄치고, 수염도 기르고 머리도 자연스럽게 기른다. 농담을 즐기며 먹는 것에 거리끼는 것이 없다. 어른이나 아이나 다 친구요, 높은 자나 부자도 그저 동네 이웃일 뿐이다. 그래서 샨티학교 문은 **활짝 열려 있다.**

농사꾼

 씨는 반드시 땅에 뿌려야 생명('올')이 솟아난다. 이러한 씨올사상으로 보아야 왜 권술용 선생님은 고집스럽게 평생을 땅을 일구며 농사를 짓고자 하는 흙에의 집념을 보여 주셨는가를 이해할 수 있다. 권술용 선생님은 농사짓듯이 사람을 키우라고 직접 몸으로 보여 줬다. 불모의 땅에 곡식과 과실수를 심어 그 열매를 이웃에게 나누어 준 것은 세상이 버린 땅을 힘들여 일구듯이 사회가 내버린 아이들을 맡아 키우라고 우리에게 소리치신 것이다. 그러한 철인과 같은 투지를 본받아, 샨티학교는 가정과 학교에서 키우기 힘들어 외면하고픈 아이들을 품에 안고 농사짓듯이 씨 안에 숨겨진 생명(올)을 싹틔우기 위해 오늘도 최선을 다하고 있다. 샨티학교가 대안학교의 대안학교라는 말이 여기서 왔다.

퀘이커

선생님은 내면의 빛을 따라 산 '퀘이커'다. 종교는 교육과 더불어 선생님의 주요 관심사였다. 교육이 사회의 구성원을 길러 내는 공적 영역이라면, 종교는 내면의 깊음에 관심을 두는 사적 영역이다. 선생님의 삶은 내내 공적인 생활의 연속이었다. 그런 그가 평생을 흔들리지 않고 자신의 길을 굳건히 걸어갈 수 있었던 것은 가슴속에 꺼지지 않는 빛이 타오르고 있기 때문이었다. 그러나 누구나 저절로 그 빛을 발견하는 것은 아니다. 자신을 깊이 살펴보는 시간을 거쳐서 어느 순간 그 빛을 깨닫게 된다. 그리고 끊임없이 이 빛을 따라가고자 내면의 소리에 집중해야 한다. 그래서 퀘이커는 기본적으로 'Seeker'(찾는 사람)라고 부른다. 이 빛은 '함께' 있을 때 더욱 빛나며, 더불어 '같이' 할 때 바른 소리를 들을 수 있다. 혼자 따로 하다 보면 보지 못하거나, 잘못될 위험에 처하게 된다. 그래서 선생님은 혼자이기보다 '여럿이' 함께하는 사회운동에 적극적이셨다. 이것의 연장으로서 샨티학교는 아이들이 함께 먹고, 자고, 놀며, 배우기를 원한다. 그래서 샨티학교는 기숙학교이다.

새로운 차원의 비상을 꿈꾸는 자

선생님은 학교에서 일을 저지르고 보는 어른으로 소문났다. 매일 새로운 계획을 거창하게 벌이고 싶어 하셨다. 그 일을 하려면 학교가 얼마나 힘에 부칠까 하는 생각은 차후의 문제였다. 그런데 씨올(생명)의 특성이 그렇다. 생명은 '자라는 힘'이다. 자라지 못하는 것은 죽은 것이다. 선생님은 생명이 넘쳐흘러 자기가 이루어 놓은 현실에 안주하지 않고 늘 새로운 일을 찾아 나선다. 이러한 지금의 자기를 버리고 새로운 차원에의 비약으로써 발전적으로 또 다른 자기의 자리를 찾아가는 자기부정이야말로 진정한 자기긍정으로 나타난다. 그의 교육관의 독특성도 바로 거기서 비롯된다고 본다. 우리 학생들(씨올)의 삶이 황폐해지고, 사회와 가정을 병들게 하는 주범으로서 지목된 입시 위주 교육의 자리에서 벗어나, 가 보지 못했던 미지의 땅으로 자유롭게 떠나서 여행 중에 부딪히는 문제를 '스스로' 풀어 가며 자기를 찾아가게 하는 샨티학교의 교육은 "나는 아직 찾고 있어요!"라는 퀘이커 정신으로부터 온다. 스스로 자기를 찾는 가운데 새로운 차원으로 비상하는 것을 꿈꾸며!

떠돌이 전사

그는 많은 이들로부터 '늙은전사'라고 불린다. 이는 선생님께서 평생을 불의와는 타협을 모르고 꼿꼿하게 외곬으로 산 부산물이다. 나는 덧붙여 선생님을 '떠돌이 전사'라고 부르고 싶다. 세상이 제일 무서워하는 자가 돈과 권력으로도 어찌할 수 없는 떠돌이 아닐까? 공자도, 부처도, 예수도 떠돌이 인생을 사시며 제자들을 키워 내시지 않았나? 떠돌이로 사셨던 선생님에게는 두려워하는 마음이 없다. 그런 마음으로 선생님은 학생들에게 "너희는 '씨올'이다. '씨올'은 자기 생각을 가지고 자기주장을 하는 사람으로서, 너도 사람, 나도 사람이니 두려울 게 없어진 사람으로 살아가라."라고 가르치신 것으로 본다. '씨올'은 각각 내적 빛('속올')을 그 마음에 갖고 태어난다. 그리고 누구나 그렇다고 믿는다.

그러나 작은 불씨가 약한 바람에도 꺼지듯 내적 빛도 외부의 환경에 따라 그 빛이 어둠 속에 갇힐 때도 있다. 선생님도 그 사실을 잘 아신 듯하다. 그래서 사방팔방으로 돌아다니시며 그 불빛이 어둠 속에 갇히지 말고 더욱 빛을 발하게 하려고, 꺼져 가는 작은 불씨도 다시 살려 내려고, 사방의 '씨올'들을 찾아다니며 그들에게 용기와 격려를 하셨다고 본다. 용감한 떠돌이 전사로서!

이제 공자의 말을 인용하며 끝을 맺는다.

夫仁者 己欲立而立人 己欲達而達人
무릇 인이란, 자기가 서고자 하는 데에 남도 서게 하며, 자기가 이루고자 하는 것을 남도 이루게 하는 것이다.

요즘 점점 더 어둠이 짙어 가는 세상을 마주하니

더욱 선생님이 그립다. 평생 다른 사람을 내 마음과 같다고 생각하시고, '씨올'들을 불러내어 올바른 길로 가는 데 주저함 없도록 내몰아치셨던 선생님을 그리며 그 이름을 불러 본다. 권.술.용.

※ "샨티학교"는 최근 "샨티씨올학교"로 교명이 바뀌었습니다.

10. 나의 단장님, 나의 길잡이

김동원(사회복지사)

'권술용'이라는 이름 석 자를 처음으로 듣게 된 건 대학 강의실에서였다. 사회복지 역사를 배웠던 시기이니 1학년 때일 것이다. 한국 사회복지 현장에서 소식지를 처음으로 만든 사람이라는 것과 더불어 '위대한 사람은 이름도 특이한가 보다.'라며 그 독특한 이름을 나도 모르게 되뇌었던 기억이 남아 있다. 그런 뒤 몇 개월 흘렀을까, 자연주의 사회사업을 실천하는 사람들이 모여 있는 '사회복지정보원'이라는 다음 카페에서 우연히 '권술용'이라는 이름을 발견했다. 그때 처음으로 권총의 다음 카페를 들어가 그분의 정체를 자세히 알게 되었다. 그 뒤로 심심할 때마다 습관처럼 권총의 이야기를 들으러 다음 카페에 접속했었다. 그 카페에서는 시간 가는 줄 몰랐고, 왠지 모르게 가슴이 뛰었다. 어쩌면 나는 이때부터 내 삶의 영원한 길잡이인 권술용 단장님을 만날 준비를 했나 보다.

대학을 졸업하자마자 청소년들을 돌보는 지역아동센터에서 사회복지사로 일을 시작했다. 그곳에서 나의 선임 사회복지사였던 서수미 선생님을 만나 함께 일하였고, 그가 그만두고 옮긴 새로운 직장이 샨티학교였다. 서수미 선생님은 나에게 새해 공동 단식 프로그램을 알려 왔고, 어떻게든 나를 오게 하려고 단식 프로그램 주관자가 참가비를 내지 않고 봉사도 할 수 있도록 해 줬다며 발을 뺄 수 없는 상황까지 만들어 줬다. 2010년 12월 31일, 스물다섯 살 청년 김동원은 권술용 단장님을 처음으로 만났다. 단식하러 온 20명이 넘는 사람들을 한 공간에 넣어 두고는 홀로 부엌에서 묵은지 한 입에 막걸리 한 사발 들이키시다 나에게 딱 걸린 단장님이 한 말을 떠올릴 때면 절로 웃음이 난다.

"굶는 것보다 굶기는 게 더 힘들어요. 동원 군도 이거 한번 먹어 봐요."

공동 단식을 다녀오고 나서 그해 3월 어느 날이었을 것이다. 군 입대를 3개월 앞둔 상황에서 단장님에게 전화 몇 통을 받았다. 첫 통화에서는 혼자 경험하기 아깝다며 군대 가기 전에 추억 삼아 제주도를 여행하고 가면 참 좋겠다고 하셨다. 밥도 주고 잠도 재워 준다며 몸만 오면 된다는 말과 함께 말이다. 시간 한번 내 보겠다며 확답을 피한 채 전화를 끊고는 며칠이 흘러 다시 전화가 왔다

"동원 군이 꼭 와 줘야겠는데……. 세상에 말도 안 되는 일이 여기서 벌어지고 있는데 사람이 너무 없어. 동원 군이 하루라도 빨리 내려와서 여기 마을 주민들을 만나 주면 좋겠어요."

녹음기와 카메라를 가방에 챙긴 채 일주일 정도 있을 요량으로 제주도 강정마을로 내려갔다. 그 날이 2011년 3월 29일이었다. 강정마을이 처한 말도 안 되는 현실을 마주했고, 내가 2년 전에 청소년들과 걷고 머물렀던 곳이 구럼비 바위였다는 것을 깨달았다. 오자마자 단장님이 나에게 부탁하신 것은 최대한 많은 마을 주민들을 만나 보라는 것이었다. 해군기지 건설 문제로 공동체는 파괴가 되어 있고, 아무도 주

민들 이야기를 들어 주지 않는데 서로가 서로의 이야기조차 듣지 않는다며, 누군가는 들어 줘야 하지 않겠냐고 하셨다. 그렇게 나는 단장님의 권유에 따라 찬성과 반대 입장을 떠나 100명에 가까운 주민들을 만나 이야기를 들었다. 그 만남과 이야기들 속에서 나는 내가 있어야 할 곳이 군대가 아니라 이곳이라는 확신을 쌓아 갔다. 생명과 평화를 이루는 순례자가 되기로 마음을 먹고 마을 곳곳을 다녔다. 그러던 중 2011년 8월 24일 주민들과 함께 구속되면서 인생의 전환점을 맞이한다.

구치소에 갇힌 나를 만나러 오신 단장님 눈은 이미 젖어 있었다. 나도 그랬다. 하지만 단장님은 털털하게 웃으시며 나에게 이렇게 말씀하셨다.

"동원 군, 부러워 죽겠어. 내가 갔어야 하는데 동원 군이 먼저 들어갔네."

나중에 들은 것이지만 단장님은 내가 감옥에 가게 된 걸 두고 자책을 하신 모양이다. 나를 지키지 못했다고 생각하셨나 보다. 사이렌 소리와 함께 기동대와 주민들이 뒤엉켜 몸부림치던 그날, 아수라장 같은 무리 속에서 나를 왜 바깥으로 빼내지 않았냐며 원망 섞인 역정을 내셨다는 이야기를 나중에서야 들었다. 그 자책을 부러움으로 포장해 나를 위로하셨던 거 같다. 부러워 죽겠다는 말씀에 온몸을 덮었던 차가웠던 긴장이 한순간에 녹아내리고 말았다.

2012년 3월 어느 날, 불법 공사를 막는 몇 번의 시도 끝에 단장님은 연행되셨다. 젊은 사람들도 하는데 노인들이 가만히 있어야겠냐며 몇몇 노인들을 설득해 정예 요원을 구성한 뒤 정의로운 범행(凡行)을 한 것이었다. 초반 몇 번의 시도는 성과를 내지 못했다. 심지어 노인이어서인지 경찰은 단장님과 일당들을 연행해 가지 않았다. 그게 무척이나 자존심이 상하셨는지, 범행은 더 과감해졌다. 불구속 상태로 재판을 받으시면서 법정 최후 진술을 하는 날, 단장님은 호랑이가 되어 시민 불복종의 의무를 다한 것이 왜 범죄가 되느냐며 호통을 치셨다. 시민의 권리에 대한 몰이해로 얼룩진 검찰은 6개월을 구형하였고, 법원은 벌금형을 선고하였다. 단장님은 시민 불복종 의무를 다하기 위해 벌금을 내지 않고 당당히 교도소에 들어가셨다. 당신 계획대로 되는가 싶었는데, 누군가가 벌금을 대납해 주는 바람에 너무나 일찍 출소하게 되었다. 그래도 그날 단장님 표정은 한결 가벼워 보여서 내 마음이 편안했다.

다시 내가 감옥에 있던 시간으로 돌아가 나를 면회 오신 그날, 단장님은 부럽다는 말에 이어 나에게 이렇게 말씀하셨다.
"동원 군, 거기서도 사람들을 계속 만나. 그리고 글을 써. 동원 군이 보고 느끼는 걸 세상 사람들에게 알려 줘."
그렇게 해서 나는 『옥중 순례기』라는 글을 연재했다. 감옥 안에서도 생명과 평화를 위한 순례를 멈추지 않고 해 나갔다. 이 방식도 투쟁이 될 수 있고, 세상을 변화시킬 수 있다는 걸 깨달았다. 그렇게 나는 순례자가 되어 가고 있었다. 나를 순례자로 키워 준 우리 단장님.

나만 아는 단장님에 대한 기억을 조금 더 꺼내 보고 싶다. 해마다 강정마을 청년들이 은어들의 산란을 돕기 위해 은어 올림 행사를 해 왔다. 하지만 공동체가 무너지는 바람에 마을을 위한 행사들은 더 이상 열리지 않았고, 산란을 앞둔 은어들은 방치되어 있었다. 온 동네를 활보하시다가 강정천에서 은어들이 물살을 거슬러 오르지 못하는 모습을 보시고는 무작정 나를 데리고 작은 통 하나만 손에 든 채 강정천에 가셨다. 옷이 다 젖을 정도로 할 수 있는 만큼 많은 은어를 올려 주고 다시 마을로 돌아가는 길, 나는 은밀히 단장님 뒷모습을 사진으로 남겼다. 노인의 걷는 모습이 저렇게도 아름다울 수 있는 걸까.

　어느 날은 무척이나 고단한 날이었다. 몸도 고단했지만 매일 지는 싸움을 하는 것 같은 나날들 속에서 더욱 깊은 절망을 겪었던 날이었다. 그날따라 단장님의 어깨가 축 늘어져 있었다. 잠자리를 펴 드리고 다리와 팔을 주물러 드리고는 단장님 옆에 누워 단장님 손을 꼭 붙잡고 잠들었다. 오래오래 건강하게 길 위에서 행복하게 사시게 해 달라는 기도를 하며 말이다.

 강정마을이 변해 가는 만큼 시간이 흘러 나의 삶도 변해 가고 있었다. 그러면서 단장님과 함께 보내는 시간이 점점 줄어들었다. 내가 잠시 힘든 시기를 보낼 때 단장님은 나를 찾으셨지만 나는 단장님을 찾지 않았다. 그렇게 한동안 내가 순례자라는 걸 잊고 살다가 단장님이 편찮으시다는 소식을 들었고, 어느 날 단장님으로부터 전화가 왔다. 짧은 통화였다.
 "동원 군 만나러 제주에 가야 하는데, 쉽지가 않네."
 안 될 것 없이 무엇이든 시작하고 이루어 내는 우리의 단장님이, 발바닥에 땀이 나도록 온 세상을 누볐던 우리의 단장님이 나를 만나러 제주에 내려오는 게 쉽지 않다는 그 말을 나는 가볍게 여겼다. 그렇게 우리 곁을 빨리 떠나실 줄 몰랐다. 동에 번쩍 서에 번쩍 홍길동 같았던 소년 전사 권술용 단장님. 기량과 기백 넘치시는 단장님의 모습이 영원할 것이라 착각했나 보다.

육신은 비록 떠나고 없으시지만, 내 삶 구석구석에는 단장님의 향기가 묻어나 있다. 단장님이 주신 책들은 한 권도 버리지 않고 간직하고 있고, 생명과 평화의 삶을 살아가려고 무진장 노력하고 있다. 그리고 단장님을 통해 이어진 인연들 속에서 살아가고 있다. 모두가 선물 같은 인연들이다. 내 삶의 발자취를 따라가다 보면 단장님의 흔적들이 많다는 걸 보게 된다. 대학 강의실에서부터 들었던 '권술용'이라는 그 이름이 표류하는 배의 길을 알려 주는 등대 불빛이었고, 그분의 존재는 나의 든든한 길잡이였다. 이제는 향기로만 남아 있지만 지금도 나에게는 등대이자 길잡이다. 이 세상에 나 같은 이가 하나둘은 아닐 것이고 말이다.

늦었지만 이제는 내가 단장님을 만나러 가야겠다. 단장님이 걸어오셨던 길들을 따라 단장님의 향기를 만나러 순례를 이어 가야겠다. 나의 단장님, 나의 길잡이인 당신이 너무나 그립다.

11. 세상은 너무나 아름다우니 마음껏 즐기세요

박용성 바르나바(대한성공회 신부)

지금 나는 신부지만 이전에는 시민사회단체 활동가였다. 어깨너머로 학생운동을 배우고 함께했던 사람들과 어울리는 시간이 마냥 좋았다. 힘들고 어려운 이들을 자주 만났고, 사회와 정치의 모순과 부조리도 조금은 알게 되었다. 이 사회에 나도 좀 괜찮은 사람이 될 수 있으려나. 뭐 그런 생각을 한 것 같다.

자연스럽게 학교를 졸업하고 시작한 곳이 '아름다운가게'. 그곳에서 만난 박원순 변호사님은 가슴 가득 불덩어리를 안고 사는 이였다. 시민들이 직접 참여하고 운영하는 시민단체의 어머니 같았던 참여연대를 만들었다. 환경과 나눔과 공동체라는 새로운 영역의 시민단체였던 아름다운가게와 아름다운재단과 희망제작소를 이끌었고, 사람들의 삶을 뿌리부터 온통 바꾸겠다며 서울시의 수장이 되었다. 그런 그를 따라 전국 방방곡곡에 아름다운가게를 만들며 보낸 나의 젊은 날의 시간 또한 뜨거울 수밖에. 열정과 겸손함으로 살아가는 삶의 자세를 온몸으로 부딪치며 배웠다(지금은 호불호가 갈리는 비운의 운명인지라 사실만을 기록한다).

환경운동연합과 희망제작소를 거쳐 마지막으로 인연을 맺은 곳이 생명평화결사. 제주도 강정마을에서 만난 권술용 순례단장님은 가슴 가득 뜨거움과 자유로움을 간직한 이였다. 하얀 수염의 노인이 새파란 젊은이들과 어울려 다니며 평화를 외치며 곳곳을 누비고 다녔다. 아니 젊은 우리가 꿈도 꾸지 못한 일들을 상상 이상으로 손쉽게 해치우며 나아갔다. 생명평화결사 순례단장으로 왔다가 그 단체가 떠났는데도 그 활동을 멈출 수가 없어 천연덕스럽고 묵묵하게 강정에 머물렀던 명물 중의 명물이다. 그런 그를 만나 5년 동안 색다르고 특별한 평화 활동을 했던 시간 또한 신비로울 수밖에. 헌신과 뜨거움으로 살아갔던 그를 온 마음으로 받아들이며 따랐다(아직도 당신은 무엇을 함께하자고 꼬드기는 것만 같다).

나의 자랑이자 내 삶의 멘토. 안타깝게도 두 분 모두 최근에 돌아가셨다. 시민단체 운동의 대부 박원순! 영원한 순례자인 늙은전사 권술용! 지금이야 예수님을 삶의 기둥으로 여기며 사는 신부지만 지금도 두 분은 내게 삶의 나침반이다. 힘들고 지칠 때면 두 분을 떠올리며 마음을 다잡는다. 기분이 좋아지면서 다시금 신발 끈을 동여매게 된다. 권 단장님을 기억할 수 있는 이 시간이 주어진 것만으로도 참 고마울 따름이다.

쌀 한 가마니로 세상을 바꿀 수 있다

2010년 8월, 시민단체의 마지막 휴가를 근사하게 보내고 싶어 제주를 택했다. 오며 가며 스승으로 모신 황대권 선생님과 예뻐했던 후배들이 있어 함께한 여행이었다. 항구에서 내려 버스를 타고 도착한 곳이 제주 남쪽의 가장 작은 마을이라 불리는 강정. 생명평화결사 순례단이 해군기지 반대 활동을 위해 머물고 있다는 곳으로 향했다. 권 단장님을 처음으로 만난 곳이 그 허름했던 의례회관이다.

첫인상이 뭐랄까. 백발이 주는 분위기 때문인가. 고리타분한 느낌을 지울 수 없었다. 하지만 며칠 지내다 보니 신기한 게 한두 가지가 아니다. 먼저 인사가 끝나자마자 부엌으로 쪼르르 달려가서는 밥을 올리고 국을 끓여 내셨다. 이후에도 권 단장님은 손님들이 많건 적건 불평불만 한마디 없이 밥을 해 낸다. 함께했던 생명평화결사 사무국 식구들이야 힘들었겠지만, 그것이 종환 삼촌의 삼거리 식당으로 이어지고 한솥밥을 먹는 강정마을의 전통으로 이어졌으니 고마울 따름이다. 늘 하셨던 말씀, '먹는 것보다 더 중한 것이 어디 있나.', '쌀 한 가마니면 세상을 바꿀 수 있으니 누구든지 강정으로 쌀을 보내시오.' 당신이 늘 외쳤던 이야기였다.

밥을 먹고 난 손님들을 위해 방에 불을 올리고 이

불이며 필요한 것들을 챙겨 넣는 것도 당신 몫이다. 아침에는 일찍 일어나 사람들을 데리고 바닷가로 가서 구럼비 바위에 올라 음악을 틀어 놓고 생명평화 백배를 하셨다. 나머지 시간에는 일행들을 데리고 제주 올레길과 오름을 오르며 바람을 맞아 보라면서 이리저리 바삐 돌아다니셨다. 수일을 지냈는데도 정말이지 정신없기도 하고 뜬금없으면서도 재밌는 어른이셨다. '참 희한한 분을 만났네.' 고개가 절로 휘저어진다. 그렇게 짧은 휴가가 끝났고, 그해 12월 다시 강정마을로 돌아와 권 단장님의 순례단에 합류했다.

차량이 압수되고 뚜벅이로 살다

2011년 3월, 해군기지를 짓겠다고 결정한 정부와 해군은 강정마을 바닷가에 있는 구럼비 바위를 폭파하기로 했다. 강정마을회와 해군기지반대대책위원회는 의례회관에 모여 대책을 세웠다. 차가 있는 사람은 차를 바리케이드 삼아 폭발물을 실은 차량이 들어오는 도로를 막기로 결정했다.

구럼비 발파가 시작되는 날 새벽, 권 단장님과 난 부스스 일어나 차량을 손보기 시작했다. 사실 둘 중에 한 사람 차량은 내버려두는 게 맞았다. 그런데 권 단장님도 나도 생각할 사이도 없이 그냥 그렇게 끌고 나갔다. 이후 차량은 경찰에 압수당했고, 1년 동안 차 없이 뚜벅이로 불편한 생활을 한 걸 생각하면 어이가 없다. 앞뒤 가리지 않는 철부지, 불도저처럼 앞서서 헤쳐 나가는 돈키호테 권술용 단장님은 그렇게 무모하기 짝이 없는 모습으로 내게 다가왔다.

사실 그 무모함은 익히 들어온 바였다. 생명평화결사 순례단은 원래 전국을 돌며 순례를 하기로 했었다. 그 시작이 제주였는데 하루 만에 도법스님과 권 단장님과 몇 분이 주축이 되어 강정마을에 머물기로 했다. 필요한 일이었고 시대적인 요청 또한 적절했다. 마을 주민들의 간절한 호소가 있었으니 어찌 그냥 갈 수 있었을까. 그럼에도 그 절차는 좀 무모했다. 전국에 있는 생명평화결사 등불들의 마음을 모으는 과정이 빠진 것이다. 아무튼 이후에도 생명평화결사와 권 단장님의 미묘한 불편함은 쭉 이어졌다. 돌아가시기 전까지 해소되지 못한 것이 못내 아쉽기만 하다.

늘 도전하는 사람. 불가능한 것을 가능하게 만드는 사람. 다른 사람들이 보지 못하는 것을 보는 사람. 늙은전사라 불렸지만, 아이의 순진함과 청년의 도전 정신과 어른의 지혜를 갖춘 보기 드문 기인이었다. 강정마을의 평화활동 안에서 중심에 서 있지는 않았지만, 늘 새로움을 발견하며 빈 곳을 채우던 사람, 권술용 단장님.

해군기지가 들어설 곳에 구럼비 천막을 치고 사람들을 불러 모으자고 권유한 분도 당신이었다. 영화비평가 양윤모 선생, 마을 주민 김종환 삼촌, 마을회장 강동균 삼촌, 해군기지반대대책위원회 고권일 위원장, 평화활동가 송강호 박사와 그곳에서 함께 머물렀다. 함께 밥을 먹고, 잠을 자고, 기도하고, 노래를 불렀다. 사각팬티 바람으로 풍덩풍덩 바다에 뛰어드는 개구쟁이였다. 민망할 만도 한데 한없이 자연스러웠고 자유로웠다. 천상 순례자였다.

 마을 사거리 한가운데 평화센터를 만들자고 권유한 분도 당신이었다. 마을 주민들과 외부 방문객들이 매일 모이는 곳이 필요하다는 이유였다. 권유만 한 것이 아니라 땅 주인인 마을 어른을 설득해서 임대해 주도록 만들었다. 문정현 신부님과 강동균 마을회장님과 상의해서 3천만 원을 모으기로 합의하고, 당신 또한 주위 사람들에게 부탁해 천만 원을 내놓으셨다. 돌아가시기 전까지 그 돈은 하나도 돌려드리지 않으셨다. 아니 후원하신 분들 또한 받지 못하리라는 것을 알고 내놓으셨을 터. 생각지도 못했는데 이후 평화센터는 해군기지 반대활동의 중심에 늘 서 있었다. 선견지명이 있었던 좋은 결정이었다. 평화센터에서 국제 프로그램이 진행될 때 썼던 당신의 글이 아직도 가슴에 남는다.
 '평화의 섬에 걸맞게 제주에서 해군기지가 사라지고, 이곳 강정마을 평화센터가 국제 평학대학, 평화순례지로 쓰이기를 기원합니다.'

서울에 강정 비상 캠프를 만들어 전국적으로 알리자고 권유한 분도 당신이었다. 2011년 3월 구럼비가 발파되면서 일부 사람들은 되돌릴 수 없는 기정사실로 받아들였다. 그동안 수없이 찾아왔던 사람들의 발걸음도 줄어들었고, 정치인들도 더 이상 적극적이지 않았다. 뜨거웠던 언론 또한 잠잠해지기 시작했다. 서울의 세 곳 중 어디가 좋을지 권 단장님과 상의했다. 천주교의 중심인 명동성당도 있고, 쌍용자동차가 싸우고 있는 서울시청도 있고, 불교의 중심인 조계사도 있다고 말씀드렸다. 당신께서 도법스님께 상의드릴 터이니 일단 올라가서 상황을 보자고 했다. 강정마을 포구에 있던 구럼비 바위의 조각들을 배낭에 둘러메고 무조건 상경했다. 그리고 권 단장님과 함께 도법스님을 만났다. 생명평화결사 순례단을 강정마을에 남겨 두자고 최종적으로 결정하신 분이 바로 도법스님이었다. 어렵지 않게 조계사 입구에 비상 천막을 치도록 허락해 주셨다. 그리고 천막과 함께 각종 비품을 제공해 주셨고, 식당을 무한정 이용하도록 허락해 주셨다. 이후 조계사 강정 비상 캠프를 중심으로 서울에서 농성 중인 쌍용자동차 노동자들과 재능교육 비정규직 노동자들과 연대하면서 생명평화 백배, 문화제, 전시회 등을 할 수 있었다. 강정마을 주민뿐만이 아니라 정말이지 많은 사람이 찾아들었다. 서울에서 강정마을 관련된 다양한 프로그램이 진행되었다. 3개월 동안이 조계사 강정 비상 캠프에서의 노숙 활동은 당연히 권 단장님과 함께였다. 오실 때마다 코 골며 주무시는 모습이 어찌나 평화로운지 노숙 생활이 집처럼 편안했던 그 시간을 잊을 수가 없다.

생명이 자라는 곳이어야 사람도 숨을 쉰다

강정마을에서 가장 뿌듯했던 권 단장님과의 시간을 꼽으라면 언제였을까. 당연히 땅에 무엇인가를 심고 있는 순간일 터. 자투리땅이라도 보일라치면 어디라도 무엇인가를 심는다. 처음 구럼비에 들어갔을 때 곳곳에 코스모스며 해바라기며 푸성귀를 심었다. 생명이 자라는 곳이어야 사람도 숨 쉴 수 있다고. 투쟁하고 싸우는 곳에서 쓸데없는 일을 한다는 눈길들도 있었다. 하지만 그 눈길들이 바뀌는 순간이 있다. 해바라기가 노랗게 꽃망울을 내면서 펜스 위로 활짝 피어날 때, 코스모스가 가을 하늘 산들산들 구럼비 바위 사이로 흔들거릴 때. 그 아름다움은 경이롭기까지 하다. 묵묵한 권 단장님의 팬이 생기는 이유 중에 흙이 차지하는 비중이 가장 클 게다.

2013년 4월, 강정마을 공동묘지 땅 야산 2,000평을 개간했을 때다. 흙이며 나무며 풀이며 돌이며 무성한 그곳에 농사를 짓자고 결정했을 때, 늘 권 단장님을 따랐던 나도 좀 겁이 났다. 투쟁의 현장에서 잠시 벗어나 쉼을 가질 수 있는 곳이 필요하다는 뜻에 공감했다. 마을에 오는 다양한 활동가들과 종교인들과 순례자들과 여행객들이 함께한다는 뜻에도 공감했다. 오랫동안 마을에 살며 평화 활동을 위해서는 농사만큼 좋은 것이 없다는 뜻에도 완전 공감했다. 하지만 너무나 척박했다. 그리고 들짐승의 피해도 예상됐다. 중산간에 있어 투쟁 현장에서 조금 멀기도 했다. 어깨너머로 배웠다고는 하지만 농사를 지어 본 경험도 없었다.

그런데 권 단장님이 고구마며 콩이며 각종 씨앗을 육지에서 가져오겠다고 하면서 농사가 시작되었다. 웬걸. 이 농사가 재미있는 일을 만들기 시작했다. 삼거리 식당에 가져다줄 푸성귀가 자주 생겼다. 늘 현장에서 싸움만 하던 평화활동가들이 함께 땀 흘리며 일했다. 색다른 경험이었다. 수확할 때도 판매할 때도 묘한 즐거움이 있었다. 평화활동가 외에도 방문객들이 자주 찾는 곳이 되었다. 가장 좋았던 것은 천주교 공소회장님에게 땅의 반을 내주면서 생겨났다. 공소회장님과 친한 여성 평화활동가들이 자주 들락날락했고, 수녀님들과 신부님들도 자주 들렀다. 공동묘지가 자연스럽게 기도하는 곳이 되었다. 재미있고 흥미로운 농사가 성스러운 곳으로 변한 것이다.

2014년 3월, 강정마을 조경철 회장님의 딸기밭 옆에 있는 맹지 600평을 개간했을 때다. 물이 흘러 쌀농사를 짓는 곳으로 결정했을 때, 권 단장님과 난 너무나 신났다. 지난해 야산 공동묘지를 개간했던 경험도 있던 터였다. 귤 농사를 짓기 전 유일하게 논농사를 지었던 강정마을의 전통을 살린다는 명분도 있었다. 땀 흘리며 함께 농사짓던 마을 주민들의 정다웠던 기억을 되돌린다는 공동체의 메시지 또한 분명했다. 멀구슬나무가 있어 그 밑에 정자를 만들면 놀기 좋겠다는 즐거운 상상도 한몫했다. 결국 이 쌀농사는 여러 사람에게 많은 즐거움을 선물했다. 테라, 키미, 세영 등 생태적인 삶을 살아가려던 여성 평화활동가들이 적극적으로 참여하게 되었다. 마을 어른들, 특히 노인들이 자주 들렀다. 쌀농사를 시작으로 마을의 이야기가 끝이 없다. 이야기를 듣는 젊은 친구들의 초롱초롱한 눈빛이 참 보기 좋았다. 그리고 비가 무지 쏟아지는 날, 오십여 명의 참가자와 함께 모를 심었다. 옛날 방식 그대로 다랑이를 만들어 직접 손으로 모를 심었던 추억은 지금 생각해도 뭉클하다. 낫으로 직접 수확하는 날, 백여 명의 참가자들이 함께했다. 풍물을 치고 몸국을 끓이고 춤을 추며 신나게 놀았던 기억은 아직도 가슴을 뜨겁게 한다. 전날 밤에 도착한 권 단장님과 논둑을 걸었다. 달빛에 비친 당신의 그 흐뭇해하시는 웃음을 지금도 잊을 수가 없다.

세상은 너무나 아름다우니 마음껏 즐기세요

 강정마을에서 5년을 살았는데, 권 단장님과의 시간은 늘 흥미진진했다. 당연히 힘들 때도 많았지만 신나고 뿌듯했다. 의례회관에서 시작했던 생명평화순례지의집은 이후 강동균 마을회장님 바깥채로 옮겼다가 강정 코사마트 사장님 2층 집으로 이사했다. 수많은 사람이 오고 갔다. 다른 활동가들의 집 또한 소중했지만, 권 단장님의 생명평화순례자의집은 특별한 공간이었다. 규칙이 없고, 비용이 필요 없고 특별히 주인이 없었다. 당신이 주인임을 거부하니, 관리자인 나 또한 이 공간보다 늘 현장에서 자는 시간이 많았다. 한 치의 소유를 허락하지 않고, 무한한 자유를 꿈꾸었던 당신의 뜻이었으리라. 재밌는 일이 자주 생기는데 뭉클할 때도 종종 있었다. 평화활동가 학구와 함께 지낼 때의 일이다. 평화 활동 하랴 귤 선과장에서 일하랴 정신없이 바쁘고 고된 학구였다. 학구 생일날 새벽에 단상님이 직접 미역국을 끓여 주셨다. 아무 말 없이 셋이 미역국을 먹고, 학구는 선과장으로, 나는 투쟁 현장으로 갔다. 그 무지막지한 놈이 눈물을 흘렸단다. 지금도 권 단장님 이야기하면 그날 새벽의 미역국 이야기를 한다. 지금은 평화활동가 반디가 '공간'이라는 이름으로 권 단장님의 뜻을 이어 가고 있어 고마울 따름이다.

제주를 걷는 생명평화 순례 때도 마찬가지였다. 흥미롭다. 그런데 무언가 색달랐다. 일단 걸음이 매우 느리다. 그리고 순례의 변수가 너무 많다. 틈나는 대로 순례를 계획한다. 제주가 중심이기는 했지만 틈만 나면 육지로 건너가서 걷는다. 외국도 얼마나 자주 들락날락했는지 모른다. 부러울 뿐. 아무튼 특별한 규칙이 없었다. 아침 일찍 출발하는 것은 맞는데 일정한 질서가 없었다. 힘들면 쉬고, 흥미로운 곳을 보면 들르고, 사람들을 만나면 멈춰서 한참을 이야기한다. 맛있는 것이 있으면 어떤 것이라도 마다하지 않으셨다. 보통은 늘 걷지만 차나 버스나 자전거나 오토바이도 마다하지 않는다. 참 별난 순례다. 이렇게 한없이 자유로운데 사람들은 이 순례에 깊이 빠져든다. 영성이라고 할까. 분명 흥미롭고 재미있는데 거룩한 느낌을 지울 수 없었다.

강정마을에서 가장 즐겁고 신났던 권 단장님과의 시간을 꼽으라면 당연 제주교도소에 들어갔을 때다. 얼마나 신나고 즐거워하셨는지 모른다. 교도소에 들락날락했던 영화평론가 양윤모 선생과 평화활동가 송강호 박사를 얼마나 부러워했는지. 평화활동가와 주민과 종교인이 교도소에 들어갈 때마다 마음에 짐 한 보따리를 짊어진 느낌이라 말씀하였다. 드디어 2012년 2월, 처음으로 제주경찰서 유치장에 들어갔다. 그때의 그 환한 미소를 결코 잊을 수 없다. 세상 다 얻은 표정이랄까. 문정현 신부님을 모시고 면회를 갔는데 천냥 빚을 갚은 기분이라고 말씀하신다. 이곳에 가둔 경찰들이 얼마나 예쁜지 모르겠다고. 가장 황당하셨던 시간도 제주교도소에서의 일이다. 평화활동을 하다가 법원에서 벌금을 받는 경우가 많았다. 벌금 납부 대신 교도소에서 1일당 5만 원씩 노역을 사는 투쟁의 방식이 생겼다. 당연히 권 단장님도 앞서서 해야 된다며 자진해서 제주교도소에 들어갔다. 그런데 아뿔싸. 지인 중에 몇 분이 권 단장님과 상의하지 않고 벌금을 전액 납부하셨다. 허탈해하시면서 5일 만에 교도소에서 나오는 모습이라니. "교도소를 평화의 성지로 만들어야 하는데." 지금도 그 말을 잊을 수 없다.

2016년 신부가 되기 위해 강정마을을 떠나 서울에 갔다. 그때는 권 단장님도 강정마을을 떠나 주로 서울에 계셨다. 신학대학원 다니는 동안에도 자주 만날 수 있었다. 당신이 살며 관리하던 퀘이커 예배당이 이화여자대학교 뒤편에 있었다. 사실 좀 놀랐다. 함석헌 선생님을 큰 스승으로 둔 퀘이커 교도 권술용? 무엇인가 어색했다. 강정마을에 있을 때 당신은 한 번도 성경이며 하느님이며 예수님 이야기를 한 적이 없었다. 아무튼 특별한 약속이 없는 일요일이면 권 단장님 계신 곳으로 매주 갔다. 힘든 신학 공부와 바쁜 전도사 활동을 하다 보면 일요일에는 파김치가 된다. 아마 잠을 자기 위해 갔다는 게 맞을 거다. 그때

마다 늘 편하게 맞아 주셨다. 어디 좋은 데 놀러 가자고, 어디 가서 맛있는 것 먹자고 꼬드긴다. 라면도 끓여 먹고 가까운 찜질방도 단골이었다. 혀에 암이 걸려 돌아가시기 두어 달 전까지, 입냄새가 나고 먹기가 힘들어도 늘 놀러 다녔다. 마지막까지 개구쟁이 같은 모습으로 늘 흥미로운 것에 열심이었던 당신. 강정마을에서 힘들게 활동할 때, 당신이 계신 샨티학교를 찾아가 이틀이며 사흘이며 잠만 잘 때도 편하게 맞아 주셨는데. 그때도 일어나면 이곳저곳 함께 놀러 다니자고 꼬드겼었는데.

당신은 강정마을에 있었을 때나, 그때나, 돌아가신 지금도 늘 나를 응원하신다. '박 국장님, 세상은 너무나 아름다우니 마음껏 즐기세요.'

늘 자유로웠던 순례자 당신은 지금도 천상에서 마음껏 즐기실 것만 같다. 그립다. 권술용 단장님.

권 단장님. 어떤 누구도 상상할 수 없는 무모함에 대한 도전은 불가능을 가능으로 바꾸지요. 힘든 상황에 처할 때 당황하지 않고 늘 희망을 꿈꿀 수 있게 된 것은 오롯이 당신 덕분입니다. 사실 당신과 함께했던 활동 중에서 쉬운 것은 하나도 없었습니다. 그래서인지 힘든 일이 닥칠 때마다 당신이 늘 생각납니다. 지금도 힘들 때면 당신이 계신 세종시 은하수공원에 들릅니다. 봉안당에 들러 당신이 가장 좋아하는 이 문구를 보며 힘을 얻습니다. 그립습니다, 단장님.

'세상에서 가장 장엄한 광경은 불리한 여건과 싸우고 있는 사람의 모습이다.'

– 레이 찰스 로빈슨

12. 권술용 단장님을 추모하며

송강호(평화운동가, 작가, 개척자들)

한때 이 땅에 와서 우리 곁에서 지내다가 다시 하늘의 부름을 받은 이들의 빈소에서 그분들의 생애를 돌이켜 보면 기억나는 것이 거의 없다. 그렇지만 내 곁에서 그리 길지 않은 시간을 보내셨던 권술용 님에 대한 기억은 굵고도 강렬하다.

내가 권술용 선생님을 만난 것은 2011년 3월 8일 제주 강정에서였다. 그때 선생님은 생명평화결사팀을 이끌고 강정마을 의례회관에 머무르고 계셨다. 100일 순례를 제주 강정마을에서 시작해 전국을 다니며 진행하려고 했던 계획을 세웠으나 강정마을이 해군기지 건설로 인해서 공동체가 파괴되고 갈등과 분쟁이 깊어 이 마을을 떠나지 못하고 계셨다. 선생님은 본인을 '청년 권술용'이라고 소개하셨다. 말씀하시는 품과 행동하시는 격이 예사롭지 않고 호탕하셨다. 그 연세에 아내나 손주에 묶이지 않으시고 청년들을 데리고 탁발 순례를 하시며 떠돈다는 것 자체가 범상치 않았다.

당시 공사장 측은 해군기지 건설을 위해 구럼비 일대를 펜스로 막기 시작했다. 우리는 공사를 저지하기 위해서 펜스로 둘러쳐진 구럼비 일대를 점거하고 있었다. 그렇지만 어쩔 수 없이 경찰과 해군 측 용역에 의해서 강제로 끌려 나갈 것이 불 보듯 훤한 상황이었다. 처음에는 공사하는 인부들이 펜스 안으로 들어와 우리들과 충돌했었다. 그러나 점차 군복을 입은 군인들이 들어와 우리더러 나가라고 협박했다. 우리는 구럼비가 내려다보이는 옛 바닷가 길 위에 설치된 천막을 지키고 있었다. 그 천막 안에는 구럼비에 대한 감상과 기억들이 예술적으로 전시되어 있었다. 우리는 자주 그곳에 머무르며 구럼비를 어떻게 지켜야 할지를 고민하곤 했었다.

그런데 어느 날 권술용 단장님의 모습이 멀리서 보

였다. 구럼비에서 옛 삼거리로 가는 오솔길 옆의 땅을 일구고 계신 것이었다. 어쩌면 오늘이나 내일이면 빼앗길지도 모를 땅에다 씨앗을 뿌리고 계셨다. 묵묵히 홀로 밭을 갈아 파종하시는 모습을 보면서 서로 엇갈리는 생각들이 교차했다. 한편으로는 어르신께서 바보같이 쓸데없는 짓을 하신다는 생각이 들었고 다른 한편으로는 이 땅은 우리의 것이고 전쟁을 하기 위해 빼앗겨서는 절대로 안 되는 생명의 땅으로 지키겠다는 뜻을 표하는 것처럼 느껴지기도 했다. 그분은 그런 행동을 통해서 구럼비는 반드시 우리가 되찾아야 할 우리의 미래가 담긴 땅이라는 강렬한 메시지를 전하는 것 같았다. 나는 그분의 그런 어처구니없는 행동에서 깊은 감동을 느꼈다. 해군기지가 이미 지어졌고 구럼비는 흔적도 남기지 않은 채 시멘트 콘크리트가 덮여져 그 위에 거대한 군용 시설들이 들어서 있었다. 그럼에도 내가 지금까지 해군기지라는 존재를 부정하고 이 기지에서 군인과 군대를 몰아내자는 운동을 포기하지 않을 수 있는 희망과 힘은 이런 메시지가 내 마음속에서 아직도 메아리치고 있기 때문이라고 생각한다.

　권술용 단장님은 젊은이들과 어울리는 것을 좋아하셨다. 나도 나이가 들어가면서 젊은이들이 꺼리지 않는 어른이 된다는 것이 몹시 어려운 일이라는 것을 실감하고 있다. 권 단장님도 나이 든 사람이 벗어날 수 없는 구시대의 언행을 하셨지만 그러면서도 어린 세대와 공감하고 공작할 수 있는 순진무구함이 있었다. 무엇보다 대접받는 위치에서 내려와서 눈높이와 마음을 낮추어 섬기는 종처럼 처신하셨다. 남을 대접하고 섬기는 삶을 그저 흉내만 내는 것이 아니었다. 그분에게는 그것이 오랜 세월 습관이 되어 몸에 배어 있었다. 나는 그분의 겸허함과 어린아이 같으신 태도에 매력을 느꼈다.

　내가 권술용 단장님에게서 받은 깊은 인상은 그분의 가슴에 불타는 불의에 대한 분노와 평화에 대한 갈망이었다. 그분은 불굴의 의지로 자신이 가치 있다고 여기는 것들을 실천하셨다. 나는 그분이 자신의 신념과 가치를 실현하기 위해서 치러야 할 대가에 대해서는 아무런 계산도 하지 않고 바보처럼 감수하겠다는 듯한 모습을 보일 때마다 한심하고 우습지만 그러면서 깊은 매력이 느껴졌다. 그분은 정의로운 한량이었고 평화로운 바보였다.

 강정의 할망물 식당에서는 김종환 형님이 지금까지 15년 동안이나 해군기지 반대운동에 참여하는 모든 이들을 위해 매일 점심 식사를 공궤하신다. 그곳에서 권술용 단장님이 늘 하시던 말씀이 있었다. "우리가 매일 쌀 한 가마니씩만 먹으면 해군기지는 끝장나." 내 머릿속에는 그 한 가마니의 모습이 맴돌곤 했다. 그렇게 많은 식량을 요리하고 준비하는 일이 얼마나 번잡하고 피곤할지는 아예 무시하고 더 많은 사람이 반전평화운동에 참여하도록 힘쓰자는 그분의 대책 없는 호소를 듣는 것이 나는 즐거웠다. 그리고 지금도 나는 그분의 유지를 받드는 심정으로 강정에 젊은이들을 부르고 있다. 늘 새로운 꿈을 꾸시고 새로운 일거리를 만들어 내시니 권 단장님 곁에서 지내는 사람은 힘도 들고 피곤할 수밖에 없었을 거다. 실제로 그래서 실무자들과 자주 갈등하셨다. 그러나 그분의 무모하고 무리한 요구나 희망이 본인 자신의 영달을 위한 것이 아니라 대의를 위한 것이었기 때문에 동료들도 감수했고 갈등과 불화도 극복할 수 있었던 것 같다. 그분의 황당무계하고도 거침없는 꿈들이 나에게는 멋지고 흥미로웠다. 권 단장님이 없었다면 강정의 해군기지 평화 운동의 요람이 되었던 코사마트 앞 사거리의 평화센터도 세워질 수 없었을 거다. 강정 방문객을 위해서 순례자의집을 강정에 마련하신 분도 권 단장님이셨다. 그분 자신이 낭만적인 순례자였고 평화의 길을 찾아 방랑하는 나그네들을 환대하는 머슴이었다. 그래서 그분 곁에는 타인을 위한 공간들이 세워졌다. 그리고 그런 공간들이 강정에서도 평화를 위한 순례자들의 쉼터가 되었고 평화를 꿈꾸고 모의하고 실험하는 곳으로 열려 있게 되었다.

사람은 누군가에게 사랑과 신뢰를 받을 때 성숙한다. 권술용 단장님이 나에게 그렇게 대해 주셨다. 나를 행복하게 만드시고 나에게 응원을 아끼지 않으셨고 희망을 잃지 않게 해 주셨다. 나는 그 사랑과 믿음에 빚을 졌다. 그 어르신이 돌아가신 다음 날 새벽에 그분의 임재를 느꼈다. 고요하고 어두운 미명에 내가 자고 있던 침대 모서리에 걸터앉으셔서 다시는 돌아오지 못할 먼 길을 떠나시는 것이 못내 아쉬우신 듯 작별 인사를 하셨다. 늘 그러하듯 자애롭고 호방한 모습으로 나를 지그시 바라보셨다. 나 이제 가네. 길을 잃지 말라고. 가던 길을 계속 걸어가라고 당부하셨다. 가끔 내가 길을 잃은 것 같을 때 실망하신 듯 섭섭한 표정으로 나를 지켜보시며 다시 돌아오라고 책망하시는 그분의 눈길을 느낀다. 나는 그분이 먼저 가신 길을 따라가고 있다.

권술용 단장님이 내게는 호탕한 영웅호걸이었고 유머러스한 아저씨였고 불의를 참지 못하는 청년 투사였고 호기심 많은 어린아이였다. 존경하는 스승이자 사랑하는 동지였던 권술용 단장님이 그립다. 단지 그리워하는 마음을 넘어서서 그분을 알고 겪었던 분들의 경험과 기억을 반드시 모아야만 한다고 생각했었다. 그분의 개인사가 우리에게 의미심장한 정신적인 유산이 될 수밖에 없다는 확고한 믿음이 있었기 때문이다. 나는 천국에서 영원을 살아가실 분들은 그분과 함께 살았던 사람들의 마음속에서 먼저 부활한다고 믿고 있다. 권술용 단장님은 내 마음속에 영원한 청년으로 살아 계신다. 그리고 나뿐만 아니라 다른 여러 분들의 마음속에서도 그렇게 살아 계실 것이다.

4장
영원한 순례의 길

1. 어디 신나게 죽을 일 없을까?

백진양(사회복지법인 한벗재단)

1950년대 후반, 동해안 북쪽 작은 어촌 '대진'에 널빤지 잇대어 지은 허술한 교회가 있었다. 하루는 이곳에서 무슨 연설이 있단다. 딱히 일 없는 동네 젊은 무지렁이 몇 명이 어슬렁거리며 구경 왔다. 강사는 서울에서 온 함석헌 선생이라고 했다.

'여러분 뱃속에 하느님 씨가 있단 말이야. 못 배우고 못 살아도 하느님 씨을 품고 있어.'

순간, 이 말이 번개가 되어 18살 권술용 뱃속으로 곧장 들어가 버렸다.

그래서 어찌 되었는가?

권술용, 1940년 삼척에서 태어났다. 아버지는 작은 고깃배를 몰았지만 갈수록 늘어 가는 빚 때문에 배 팔아 빚잔치한 후 동해안 어촌 날품팔이로 떠돈다. 그러다 휴전선 가까이 대진항까지 올라갔다. 둘째 아들

'술용'은 잦은 이사에 육성회비를 못 내 초등학교는 다니다 말다 했고 중학교만 간신히 졸업. 하지만 시골 중학교 졸업장이 무슨 소용? 뱃사람들 그물 정리나 어시장 궤짝을 나르며 돈 몇 푼 받는 게 고작이었다.

 이듬해 권술용은 보따리 하나 메고 집을 떠난다. 함 선생이 농사꾼 모은다는 소식에 그 길로 천안 '씨올농장'으로 간다. 그곳에서 하루 두 끼만 먹으며 농사짓는다. 1년 지났을 때 함 선생이 대관령 가까이 해발 1,300m 분지 '안반덕'을 일구자고 했다. 젊은이 4~5명이 들어가 비탈을 일궈 감자를 심기 시작했다. 그러다 하루는 밭을 만들려고 잡초에 놓은 불이 순식간에 산불로 번졌다. 누군가 책임져야 했다. 머뭇거리는 동료들 대신 권술용이 자수하고 감옥 간다. 함 선생이 애써 두 달 만에 풀려났지. 군에 다녀온 후엔 고향에서 고구마 농사 짓는다며 온 동네 똥 퍼 나르고, 흙집 지어 동네 아이들 모아 가르친다. 그곳에 함 선생이 묵어가기도 했다. 이후 천안 '씨올농장'으로 다시 가 결혼도 하고 아이를 낳는다.

그러다 돈 좀 벌어 보겠다고 토끼털이니 양계업이니 하는 사업 벌인 게 잘못, 알량한 밑천마저 털어먹고 빚에 쫓긴 노숙자가 된다. 그래도 딸린 식구 먹여 살리려고 손수레 하나 구해 서울 방학동에서 호떡 장사를 한다. 이때가 45살, 앞날이 처량했다.

하루는 안반덕에서 같이 일하던 '송용등'이 호주에서 청소로 품 판 돈으로 대전의 망해 가는 보육원을 넘겨받아 그에게 살림을 맡겼다. 이렇게 해서 사회복지의 '사' 자도 모르고, 직장이라곤 다녀 본 적 없는 호떡 장수가 보육원 총무가 된다. 그리고 이참에 뿔뿔이 흩어진 식구 데리고 들어가 원생과 같이 먹고 자식들은 원생과 똑같이 벌을 세운다.

당시 나랏돈으로 운영하는 복지시설은 감출 게 많았다. 그런데 새로 온 총무는 도무지 감출 줄 모른다. 하루는 쓰레기통에서 우연히 자기 욕을 해 댄 원생의 쪽지를 본다.

"권총 빵빵, 죽어라."

'권총'은 원생들이 붙인 별명. 얼마나 미웠으면 총으로 쏴 죽이고 싶을까? 헌데 정말 총무가 총을 맞앉다. 아이들 욕에 답이 있음을 알아 버렸다. 그때부터 자기에게 해 댄 욕을 모아 매주 소식지에 내더니 나중엔 책으로 엮어 주위에 퍼뜨린다. 그 책이 『우리 집 식구는 96명』이다. 보육원 건물이 너무 낡았다. 이를 보다 못해 빚 얻고 정부 보조금 보태 새 건물을 짓는다. 총 맞은 권총은 식구를 데리고 옥상에 비닐 천막을 치고 7년을 산다.

나는 채규철 선생 소개로 알게 되었다. 1988년 '부름의 전화'를 할 때 잠깐 얼굴만 봤다. 두 달 후 연락이 왔다. '대전 부름의 전화'를 만들었으니 출범식에 참석해 달라고. 1993년에 시작한 '장애인 콜택시'는 와 보지도 않고 대전에 만들었다. 아니, 보육원 총무가 왜 이런 일까지 벌이나? 이뿐만 아니다. 소록도에 같이 간 적이 있었는데 그 후 집수리 기술자 50~60명을 모아 1년에 2~3차례 10년이나 방문하는가 하면, 공동 단식과 청소년 국토기행은 20년 넘게 이어 가고 있다.

'대동'은 대전의 달동네이다. 우습게도 복지관을 산꼭대기에 지어 놓았는데 대학의 사회복지학과 교수들이 운영하다 손들고 나가 버렸다. 이 소식에 권총은 보육원을 다른 직원에게 맡기고 복지관을 맡는다. 달동네라면 자신이 살았으니 잘 알지. 곧바로 무허가 판잣집을 비 안 새고 찬 바람 막아 주는 집 고치기에 나선다. 해마다 100곳씩, 10년에 걸쳐 글쎄, 집을 1,000집이나 고쳐 주었다지. 떠났던 동네 사람들이 돌아오기 시작했다.

권총의 대동복지관은 동네 복지관이 아니다. 노숙자가 골칫거리가 되자 대전에서 가장 먼저 노숙자센터를 만든다. 그 자신 노숙자였으니 어디 남의 일인가? 또 집 없는 이들을 위한 홈리스센터와 일자리 만들어 주는 자활센터 운영, 지역통화인 한밭레츠 운동도 벌인다. 이런 일을 어떻게 한꺼번에 한단 말인가? 귀신이었다. 없는 사람에게 들러붙어 살판 만들어 주는 별난 귀신.

가방끈이 짧다. 말 잘하거나 글 잘 쓰는 것도 아니

고 이른바 리더십도 없다. 명함 만들어 주면 뭐 해, 내밀 줄 모르는데. 그저 달랑 자기 몸뚱이 하나로 우직하게 덤빈다. 앞뒤 가리지 않는 즉흥으로 돌진한다. 집도 돈도 없는 사람이 마치 세상 다 가진 사람처럼. 도대체 무엇이 사람을 이렇게 만든 걸까?

정년 70을 3년 앞두었을 때 느닷없이 번듯한 직책들을 내려놓고 퇴직해 버린다. 그리곤 아우성을 뒤로하고 보따리 하나 메고 정처 없이 걷는다. 이름하여 '100일 순례'. 그런데 100일 걸은 뒤 또 100일을 걷는다. 휴전선에서 경상도, 전라도 바닷가까지. 왜 걸어요? 왜긴 왜야, 하늘 소리 들으려는 거지. 이듬해엔 걷는 길이 세계로 뻗친다. '세계생태공동체순례단'을 꾸려 인도를 비롯해 네팔과 몽골, 유럽 곳곳의 생태 마을을 다닌다. 함석헌 선생처럼 농사짓기 좋아했다. 농사는 머리보다 손이 먼저 나가는 순박이다. 땅에다 하늘 심기지. 한 번은 쿠바에 다녀오더니 빈터 3,000평을 일궈 고구마 농사를 짓는다. 도시에 치솟은 아파트 달랜다며.

그의 걷기에 이름이 붙여졌다. '우리 쌀 지키기

100인 100일 걷기', 그리고 노숙과 탁발의 '생명평화 결사순례'. '결사'란 죽겠다는 것, 실제로 그는 박정희 독재 때 광화문에서 분신하겠다는 걸 함 선생이 말려 그만둔 적도 있다.

 2011년, 순례단이 도착한 곳은 제주도 강정마을 '해군기지 건설반대운동본부'. 이곳에 길바닥 귀신 권술용이 눌어붙었다. 이때부터 천막에서 합숙하며 밥하고 청소하고, 밭농사까지 지으며 비 젖은 깃발 말리는 4년을 보낸다. 지게로 산 옮기는 노릇이었지만 맨날 좋아라, 머슴 노릇이다. 2014년, 경찰이 들이닥치자 눈 부릅뜨고 달려들다 구속되어 벌금형을 받는다. 그런데 이 양반, 얼씨구 하며 감옥살이로 벌금 갚겠단다. 아쉽게도 닷새 만에 누군가 벌금을 내줘 풀려나고 말았지. 할 수 없이 다시 서울로 올라올밖에.

 서울에 집이 있었나? 아니지, '퀘이커 모임 집'이었다. 집 지켜 주는 구실로 식구를 데리고 싼 월세로 살았다. 그러다 또 보따리를 싼다. 이번에는 경상도 문경에 있는 대안학교(샨티) 교장 한다며 내려간다. 교장은 무슨 교장? 운동장 풀 뽑고, 밭 매고 뒷간 청소나 하는 허드레 잡부이지.

 어따, 열여덟 살 권술용 뱃속으로 들어가 버린 씨올. 옳지, 그놈익 씨올이 똥지게 메게 하고, 보육원 아이들과 장애인, 소록도 환자와 노숙자, 먹을 것 없고 일 없는 사람들의 밥이 되었구나. 생태 살림 외치고 전쟁놀이에 대든 배짱도 거기서 나온 거지.
 함석헌 선생이 말했지. '사람이 태어나 뜻 하나 잡으면 된다.'라고. 그래, 권술용, 그 뜻 하나 잡아 빈손 맨발로도 세상에 덤볐지. '세상이 감당 못 하는 야생', '벽에 막히면 여기 문이 있어야 한다며 박차고 나가고', '밑바닥이 천국'이라고 우기는 사람.
 어라, 그 뜻 한번 기차고 거침없다.
 늘, "어디 신나게 죽을 일 없을까?"
 하며 산 사람!

 아이구, 나 사는 꼬라지가 시시해지네!

2. 걷는 사람 권술용, 영원한 순례에 나서다

권미강

길을 걷는다는 것이
소소한 바람의 걸림에도 넘어지고
한 송이 들꽃에도 넋 놓을 수 있는 일,
그 길을 1년이고 10년이고 100년이고
걸어왔고 걸어가겠다고 했던 한 사람.

고향 바다 푸른 멍을 어깨에 걸머쥐고
오로지 낮은 몸으로 태어난 땅을 넘고 질풍의 길 지나
열망의 강을 수십 번도 더 건너며 삶의 들판 가로질러
행복한 시련의 길 위에서 살았던 한 사람.

사람들은 당신을 권총 사나이라고 불렀지요.
생각하자마자 떼는 빠른 발걸음 때문인지,
당신은 오래전부터 권총 사나이.

분단의 눈물이 흐르는 임진각부터
한반도 혈맥과 작은 실핏줄을 돌고 돌아
통영, 남해, 진도를 거쳐 구럼비 슬픔이 묻힌 제주도까지
수천 보, 수만 보 걸음으로 생명과 평화의 길을 닦아 낸
걷는 사람, 권술용 선생님.

당신은 한 알의 씨올이 되어 머무는 길 곳곳에
사랑의 터를 닦고 자비의 마음터를 세우고
올곧은 사람살이 세상을 보여 주었지요.

아이들에게는 인생의 여행길을 터 주고
천형처럼 등 돌린 세상에 힘들어했던 한센인, 노숙인들에게
삶의 창에서 햇살 보는 법을 가르쳐 주었지요.

그 발걸음도 태평양도 시베리아 북풍도 말릴 수 없어
인도와 쿠바, 바이칼에서 동유럽까지 이어졌고
먼 이국의 땅에서도 통하지 않는 말 대신
선한 눈빛과 사람 좋은 웃음, 거짓 없는 몸짓으로 평화
를 전했지요.

그 발자취는 '스스로 길이 막혀 버리게 된 현대문명'에서
'오래된 새 길'을 찾아가는 새 이정표를 만들어 내는'
살아 있는 동안 꼭 이뤄 내고 싶은 당신의 꿈이었다는 것을
우리는 훨씬 오래전에 알았어야 했어요.

마음속에 담았던 당신의 하나님이
길 위에서 고통받으며 살고 있는 민중이었음을
길을 걸어가면서 알게 됐다는 것을
당신의 하얀 수염이 웃음으로 빛날 때 알았어야 했어요.

문명의 벽에 갇힌 사람들의 아우성이
참 오랫동안 당신이 꾸던 꿈속에서 들렸던 것도.
그래서 평화의 길을 터 주고 닦아 주는
걷는 사람이 되었다는 것을.
그것이 당신이 순례자가 된 이유라는 것을.

이제 당신은 조용히 이승의 길을 넘어서서
저 먼 세상, 천국의 길을 걸어가고 있겠지요.
그곳에서도 이곳의 생명평화를 기도하며

한 걸음 한 걸음 순례자의 길을 가고 있겠지요.

어느 날 푸른 하늘 위로 실 같은 구름이 날리거든
흰빛 수염을 천국의 바람에 휘날리며 걸어가는
당신의 모습을 떠올릴게요.

걷는 사람, 권총 사나이 권술용 선생님
부디 영면하소서.

3. 권총!

나준식(민들레의료복지사회적협동조합)

제가 권총 떠나시는 날 대전 시민사회를 대신해서 추도사를 쓰고 읽기로 했는데, 진료 때문에 추도식에 참석 못 해서 어떻게 해야 하나 망설이다가 그래도 글로 인사는 드려야겠다 싶어서 씁니다.

그런데 막상 쓰려고 보니까, 이게 개인 인사가 아니네요.

제 개인 인사야 제 마음 가는 대로 쓰면 되지만, 대전 시민사회를 대신해서 써야 한다니, 이게 아니구나 싶어요. 하지만, 제가 어떻게 한순간이라도 누구를 대신할 수 있겠어요. 그냥 저의 인사를 드릴 수밖에 없음을 용서해 주세요.

추도식에서 추도사 한 부분을 맡아 해 달라고 했을 때, 모두가 함께 마음을 모으는데 제가 개인 사정으로 한다, 못 한다 할 수는 없어서 하겠다고 해 놓고 나니, 갈등이 되었어요. 오랜 시간 고민한 건 아니지만, 토요일 병원 문을 닫고라도 참석해야 하는 거 아닌가? 하는 생각 때문에요. 개인 병원이라면 갈등할 것도 없는 것이겠지요. 그런데 의외로 쉽게 마음 정리가 되었어요. 권총이 추도식을 누가 어떻게 해야 하나 외논하고 있는 그 순가 우리를 지켜보면서 이렇게 한마디 하고 있는 것 같았거든요.

'그런 것들 다 나하고는 아무 상관없다. 다 니들 자신을 위해서 하는 것일 뿐이야.'

진짜 그러셨지요?

마지막으로 뵈었을 때 잘 안 되는 발음으로 힘들게 들려주신 몇 가지 이야기들에 여러 가지 의문이 있었고, 그 후 얼마간 그걸 감히 해석해 보겠다고 아는 척하고 있는 제 자신을 자책도 했었어요. 그런데 놀랍게도 권총의 새로운 여행 출발 소식을 듣는 순간, 이리저리 따질 것도 없이 아하, 그렇구나 하고 다 풀려 버렸어요.

그렇게 그 한순간에 권총의 뜻대로, 아니 권총이라

불린 사람으로 오신 그분의 뜻이 이루어졌구나. 내겐 벼락같이 왔다 간 일이지만, 온 것이 없어 갈 것도 없고, 남길 것도 가져갈 것도 없는 그 자리에서 들고 나는 일이었구나.

제가 다 홀가분하게 짐을 벗는 기분이라니….

저희들 곁에 계시는 내내, 꾸미지 않고, 형식과 논리로부터 자유로운 진정한 자유인으로서 동에 번쩍 서에 번쩍 하신 분이니, 몸을 벗은 지금은 얼마나 자유로우실까요?

'처음 죽어 보는 거라서 잘 모르겠다.'라는 농담을 유언 아닌 유언으로 전해 주셨는데, 이거 사람들에게 꼭 남기라고 하셨던 거 맞죠?

권총의 인생을 딱 한 문장으로 요약해 주신 것 같아요.

하하. 같이 웃고 계시겠네요.

4. 어린 전사

송강호(평화운동가, 작가, 개척자들)

그분은 먼동이 트기도 전 새벽같이 저의 방 창문을 열고 들어오셔서 침대 모퉁이에 앉아 저를 깨우셨습니다.

"이보게, 송 박사, 아직 자나? 하하하! 나야 나, 소년 전사! 이제 먼 길 떠나게 되었네. 가기 전에 자네를 한번 보고 싶어 기다렸는데 끝내 오지 않더군. 그런데 이젠 더 기다릴 수가 없어. 그분이 가자고 성화니. 허허허. 그래도 내가 조르고 졸라서 가던 길에 여길 들른 거지. 양평 개척자들 불나고 다시 지은 집을 꼭 와 보고 싶었거든. 언제던가? 내가 여길 처음 왔을 때 내가 왜 오는지 그 이유도 자세히 말하지 않고 갑자기 방문해서 자네가 약간 당혹한 표정으로 날 멀뚱멀뚱 바라보던 게 기억나네. 그때 우리가 처음 만났었던 그 허름했던 집은 이젠 불타 없어져 버리고 여긴 이제 아주 새집이 되었구먼.

자네 내게 했던 약속 중 하나 지키지 못한 것 있어. 자네가 날 배에 실어 북한으로 데려다준다고 했지 않은가? 꼭 이 길 떠나기 전에 북한을 다녀오고 싶었는데 그게 정말 아쉽네. 그게 단지 자네 탓이겠는가? 내가 너무 일찍 천국 길을 나서는 바람에 자네가 미처 준비할 시간이 없었던 게지. 너무 미안해하지 말게나. 이젠 자네 도움 없이도 이처럼 가벼운 영혼으로 새처럼 훌훌 날아 그립던 북녘 땅을 연희동 언저리 다니듯이 살살이 뒤져 보며 다니게 되었으니 말일세.

이보게, 자네도 빨리 오게나. 나 심심치 않게 말일세. 그 세상에서 할 일들일랑 서둘러 다 마치고 나면 더 지체하지 말고 이 세상으로 빨리 오게나. 자네가 보고 싶으니 말일세.

이보게, 송 박사, 이 세상에 와 보니 그리 심심치는 않을 것 같으네. 자네들 일거수일투족이 다 보이니 그거 보면서 시간 소일하는 게 재미있을 것 같구려. 참나 원, 잘난 척하는 놈들 뒷구멍으로 하는 꼴이라니. 진짜 요지경이야. 아무튼 자네들 오는 날까지 자네들 사는 모습 들여다보면서 기다릴 테니 잘들 살다가 너무 늦지 않게 나 있는 곳으로 돌아오시오. 나처럼 하고 싶은 일 다 하고 먹고 싶은 것 다 먹고 가고 싶은 곳 다 가고 후회 없이 살다가들 오시오. 거기서 할 일 다 하면 더 이상 뭉그적거리며 시간 끌지 말고 속히 이 세상에서 다시 만납시다. 알겠소?

앞으로 날 소년 전사라고 부르지 마시오. 물론 난 이 새 세상에서도 전사로 살아갈 것이오. 다시 순결한 몸과 영혼을 가진 아기로 나는 새롭게 진화하고 있소, 허허허. 그러니 이제는 어린 전사라고 불러 주시오. 그분이 자꾸 가자고 재촉하네요. 자, 이제 일어납니다. 이제 가면 우리 언제 보나? 우리 곧 기쁘게 만납시다. 안녕!"

단장님 안녕히 가십시오. 나중에 뵙겠습니다.

5. 생명 농사꾼과 평화의 일꾼

고권일(강정마을)

단장님! 살아생전에 안부 편지 한 장 드리지 못해 죄송하다는 말씀 먼저 올립니다.

단장님께서는 수많은 호칭이 있겠지만 저희에게는 생명평화결사 순례단장의 자격으로 오셔서 남기신 발자취가 너무 크고도 많아 다른 호칭은 어색하기만 합니다. 그래서 저희에게 단장님은 영원히 단장님으로 남을 것 같습니다.

사실 단장님의 병세에 대한 이야기를 알게 되었을 때도 우리 중 그 누구도 단장님이 거뜬히 이겨 내시고 다시 당당한 미소로 나타날 것을 의심한 사람은 단 한 명도 없었을 것입니다. 그러나 어째서 하늘은 인간 세상에 필요한 일꾼들을 이리 빨리도 속절없이 부르심을 하는 건지 원망스럽기까지 합니다.

제주 해군기지 공사가 본격화되던 2011년 봄.

단장님께서는 제주에서 시작하여 판문점까지 이어지는 생명평화결사 100일 순례를 강정에서 계속할 것을 제안하셨습니다.

이 얼마나 파격적인 제안이었던지!

생명과 평화가 파괴되는 현장이야말로 생명평화결사가 지켜 내야 할 진정한 사명이라는 말씀이 지금도 생생하기만 합니다. 그 결정이 내려진 이후로 강정마을에는 전국에서 지킴이로 모여드는 사람들의 발길이 끊이지 않고 계속 이어졌습니다.

그러자 단장님께서는 매일 한 가마니의 쌀을 나누어 먹을 수 있는 현장으로 만들면 우리가 이길 수 있다면서 구럼비에 식당과 숙소를 만들자고 제안을 해주셨지요. 할망물 식당을 크게 늘리고 100명 이상 머물 수 있는 비닐하우스 숙소를 지어 내고, 중덕 바닷가 유휴지를 모두 생명의 텃밭으로 일구자면서 직접 곡괭이와 삽을 들고 땀을 흘리시던 모습이 아직도 눈에 선합니다.

그 찬란했던 여름.

우리는 하루의 시작을 생명평화 백배로 열었고, 새로운 방문자를 맞이하기 위한 터를 다듬고, 농사를 짓고, 물놀이를 하고, 밤이면 별과 함께 파도 소리를 들으며 촛불을 밝혔습니다. 그 자체가 평화였고 생명의 기운이 넘실거리던 구럼비 바위와 그렇게 우리는 하나가 되었습니다. 우리는 천진난만하시던 단장님의 개구쟁이 모습도 기억합니다. 연로하신 몸에 어떻게 그런 기운이 샘솟듯 나오시는지 바다에 뛰어들어 수영하시고 바위 위를 거침없이 돌아다니시고 괭이질을 하셨는지. 젊은 그 누구보다 얼마나 창의적으로 새로운 제안을 끊임없이 쏟아 내셨는지도 기억합니다. 지금의 평화센터 역시 단장님의 제안으로 시작되고 단장님의 헌신으로 완성이 되었으며 단장님의 애정으로 이제껏 이어 올 수 있었습니다. 그리고 지금까지 강정마을 생명평화 농사를 지원하기 위해 얼마나 끊임없이 애써 주셨는지를 우리는 기억합니다.

당신이 원하고 당신이 꿈꾸던 세상을 향해 걸어가

는 길에 잠시라도 함께할 수 있었음을 참으로 감사드립니다. 우리에게 언제나 먼저 다가오시어 함께 고민하시고 길을 열어 주시고 베풀어 주셨던 그 모든 것에 또 감사드립니다.

친이른으로서 사시다 간 모든 여정을 우리는 오래도록 기억하겠습니다. 인간사가 왜 이렇게 야속한지 마지막 가시는 길조차 뵈러 가지 못함을 용서하십시오. 그러나 단장님께 받은 사랑을 우리 안에서 잘 키워 내어 또 다른 아픈 현장에서 나누며 함께하는 모습을 결코 쉬지 않겠다는 말씀을 마지막 약속으로 바칩니다.

권술용 단장님!
강정마을에 생명과 평화의 씨앗을 가슴에 품은 모든 이들의 마음을 모아 기원하오니, 부디 소천하시어 기쁨과 평안 속에 영면하십시오.

강정마을에서 존경과 사랑의 마음을 담아 올립니다.

6. 샨티가 사랑한 그 사람을 떠나보내며

최문희(전 샨티학교 교사)

새빨간 튤립이 말갛게 얼굴을 내미는 5월.
올해도 학교 꽃밭에는 튤립이며 모란이며 온갖 꽃들이 아이들을 향해 봄 인사를 건넵니다.
긴 겨울을 견디어 낸 자신의 생명력을 뽐내듯이
너무나도 외로웠을 지난한 시간을 보내고 우리 다시 만날 수 있게 되어 반갑다는 듯이
활짝 핀 꽃봉오리로 샨티에 봄을 알리고, 모두에게 새로운 시작을 꿈꾸게 합니다.

그렇게 일어나실 줄 알았습니다.
당신이 하나하나 심어 두셨던 샨티의 꽃들처럼
긴 겨울 지나 봄이 오면 우리 다시 만나 반갑다고 활짝 웃으며 아이들을 안아 주실 줄 알았습니다.
그렇게 오래도록 우리와 함께할 수 있을 거라 생각했습니다.

너무나도 갑작스러운 부고 앞에 한없이 무력해지는 마음은 우리가 저마다 그리고 있는 권 선생님의 모습이 영원할 것만 같았기 때문일 것입니다.

산티에선 누구보다 낮은 자세로 아이들을 만나셨던 분입니다.
열 마디의 말보다 한 번의 몸짓으로 아이들의 존경을 한 몸에 받던 분이셨습니다.
'교장 선생님'보다 '할아버지'라는 호칭이 가슴에 더 와닿는 친근한 분이셨습니다.

"문희 선생, 사회 나가서 고생하는 우리 아이들 밥 한 끼 사 주고 싶네."라시며 퇴직 이후 힘겨운 투병 생활 중에도 당신의 몸보다 아이들을 먼저 걱정하시던 분이셨습니다.

항상 당신보다 우리 아이들을, 우리 선생님들을, 우리 식구들을 먼저 생각했던 바보 같은 사람 권술용.

선생님이 떠난 자리, 우리에게 남겨진 몫을 생각해 봅니다.

그것은 아마 가을이면 샨티의 품에 흐드러질 코스모스를 심던 선생님의 뜻을 받드는 것이겠지요. 넓어서 휑한 학교가 영 마음에 쓰이신다며 꽃이라도 가득해야 학교가 풍성해 보일 것 아니냐고 하셨던 말씀. 직접 곡괭이로 땅을 파고 여기저기 코스모스 씨앗을 뿌리며 그리셨을 풍성한 샨티.

이제 우리는 샨티를 선생님이 심으셨던 코스모스 밭처럼 키워 보려 합니다. 아이들의 예쁜 웃음소리로 가득한 학교, 사람 사는 냄새가 물씬 나는, 그저 함께하기만 해도 마음이 풍성해지는 학교. 어쩌면 이미 우리는 선생님이 뿌려 놓으신 하나의 코스모스 씨앗일지도 모르겠습니다.

아이들과 소통할 수 있는 짧은 시간이 주어지면 칠판에 큰 글씨로 사람 '인(人)' 자 4개를 아로새기며 사람답게 살 것을 이야기하셨던 그 어떤 누구보다 사람답게 살아간 사람, 권술용.

 샨티는 당신을 영원히 기억할 것입니다.
 안녕히 가십시오.

 샨티가 사랑한 그 사람 권술용 할아버지를 떠나보내며 샨티 가족 모두가 절하여 올립니다.

7. 샨티의 넉넉한 할아버지께

채수영(샨티학교 교사)

권술용 선생님을 처음 뵌 것은 십여 년 전 진주의 장모님 국숫집이었습니다. 평화의마을을 은퇴하고 전국을 돌며 100일 순례 중이셨죠. 생명평화결사에서 만난 장모님과의 인연으로 저와도 인연을 맺게 되었죠. 그때 이런 말을 하셨죠.

"내가 돈 한 푼 안 들이고도 100일을 여행하는 것은 사람을 쫓아서다. 돈을 쫓으면 돈도 사람도 남지 않지만, 사람을 쫓으면 사람도 돈도 함께 온다."

그 가르침은 저도 본받고 있습니다. 첫 만남은 그렇게 짧게 끝나고, 다신 만날 거라는 생각 없이 헤어졌습니다.

우리의 두 번째 만남은 그리 오래 기다리지 않아도 되었습니다. 내가 연구소 조교 일을 정리하고 시골로 갈 준비를 할 때, 샨티학교를 만든다고 연락이 왔습니다. 샨티가 그 첫발을 내디딜 수 있었던 것은 선생님의 너른 인간관계 덕이었습니다. 샨티가 첫 1년을 지낸 상주의 환경농업학교는 순전히 선생님의 인맥으로 가능했고, 그 첫해를 열지 않았다면 지금의 샨티가 존재하지 못했을 것입니다.

 샨티를 개교만 시키고 우리는 두 번째 이별을 합니다. 제주 강정마을로 가셨죠. 평화와 생명을 훼손하는 강정 해군기지를 온몸으로 막으셨죠. 선생님께서 강정에 계시는 덕분에 샨티는 캠프 때마다 제주로 가곤 했습니다. 항상 샨티의 인연은 그렇게 선생님으로부터 나왔습니다.

 그리고 우리의 세 번째 만남도 그리 오래 기다리지 않았습니다.
 샨티 2년차, 신생 학교가 넘어야 할 산, 교사들 사이에도 학부모들 사이에도 갈등이 생겼습니다. 그리고 그 갈등은 말로 풀릴 수 있는 상황이 아니었습니다. 똑똑하고 유능한 기술자 같은 교장이 아니라 선생님의 너른 품과 됨됨이만이 해결할 수 있었습니다. 그리고 그렇게 되었습니다. 3년 차 교장으로 오셔서, 든든한 어른으로 중심을 잡아 주셨습니다.

그래서 샨티는 지금 7년 차 학교로 우뚝 설 수 있게 되었습니다.

항상 부지런히 일을 만드셨던 선생님, 선생님이 만드신 꽃밭에는 올해도 튤립이며 모란이며 온갖 꽃들이 환하게 피었습니다.

그 꽃송이마다 선생님의 땀방울과 발자취가 느껴집니다.

샨티 아이들의 넉넉한 할아버지 권술용,

샨티의 영원한 교장 권술용,

지금 당신은 가셨지만, 샨티는 당신을 영원히 잊지 않을 것입니다.

안녕히 가십시오. 선생님.

샨티의 건방진 아들 채수영이 올립니다.

8. 샨터의 아이들

1

김정현

안녕하세요, 서 정현이예요.

이제 못 뵌다는 게 실감이 안 나네요.

제가 처음 들어오고 나서 제가 입양아라는 사실을 알고도 거리낌 없이 잘 챙겨 주시고 저한테 많은 관심을 가져 주셔서 정말 감사합니다.

살아 계셨을 때 '감사합니다, 고맙습니다.'라는 말을 안 한 게 지금 와서 후회스럽네요.

저희 할아버지도 선생님 안부를 언제나 궁금해하셨는데 이제 안 물어보시겠네요.

너무 훅 들어온 얘기라서 아직도 어안이 벙벙해요.

살아 계셨을 때 좋은 말 많이 해 주셔서 감사합니다.

이제야 깨달았네요. 위에 가셔서 편히 쉬세요.

감사하고, 고맙고, 사랑합니다.

2

유태현

 쌤, 저는 재작년 편입생 유태현입니다. 재작년 학교에 처음 들어올 때 선생님을 제일 먼저 뵀었는데 바로 제 이름을 기억해 주셔서 너무 감사했어요. 그리고 저희 아버지가 학교에 오셨을 때 제 어깨를 감싸며 학교에 적응 잘하고 있다고 말해 줘서 엄청 고마웠어요. 저는 사실 그때 적응 잘 못 하고 있었는데 말이죠. 쌤, 저는 학교에서 쌤을 볼 때마다 고맙다는 생각보다 멋있다는 생각을 하고 있었어요. 연약한 저에게는 맨발로 농사를 하고 추우나 더우나 난방을 하지 않으시는 모습이 엄청 멋있어 보였습니다. 저에게 처음으로 자랑하고 싶은 교장 선생님이셨어요. 진짜로 대안학교에 대해 안 좋게 얘기하는 주변 사람들의 비난 섞인 말에 쌤을 떠올리면서 되받아칠 정도였습니다.

 오늘 가면 많은 사람이 오겠죠? 엄청 많은 사람들이요. 제가 선생님의 마지막을 보내 드리는 영광을 누리다니…. 거기서도 멋있는 모습이시겠죠, 언제나? 쫌 이따 봬요.

3

김건

안녕하세요. 저는 현재 샨티학교에 다니고 있는 6학년 김건입니다.

오늘 점심을 먹고 교실에서 노트북을 하면서 늘 해왔던 게임을 하고 교무실에 갔는데 선생님과 학생들이 대화하고 있어 알게 되었습니다. 교장 선생님께서 몸이 많이 안 좋으시다는 얘기는 들어서 하루빨리 건강하셨으면 했는데 이야기를 듣고 마음 한쪽이 가라앉는 느낌이었습니다.

내일 선생님들과 서울로 병원을 가려고도 했는데…. 저에게는 처음 느끼는 감정이어서 지금도 믿기지가 않습니다. 자꾸만 다른 생각을 하면 잊히는 것 같아 노란색이었던 머리색도 바로 달려가 검은색으로 바꿨습니다. 저에게는 처음 느낀 교장 선생님이셔서 누구보다 더 슬펐습니다. 학교에 대한 열정도 있으시고, 학생들에게 지혜도 가르치시고, 됨됨이 수업으로도 많이 가르쳐 주시고, 중학교 때 계셨던 교장 선생님 고등학교 때 계셨던 교장 선생님과 너무 달라서 더 따뜻했습니다.

무엇보다 저를 이렇게 성장하게 해 준 샨티학교를 지탱해 주셨고요. 사실 이 편지는 교장 선생님께 보내기 위해 쓴 편지지만 이 편지를 누가 읽든 저는 저의 교장 선생님에 대한 편지를 쓰고 싶었습니다. 한 번도 찾아뵙지 못해서 죄송합니다. 저희 학년에서 교장 선생님 병문안을 가자는 이야기가 나왔는데 신문 읽기 발제로 요즘 저희가 열심히 공부하느라 못 가게 되었습니다.

늙은전사 권술용 선생님, 부디 좋은 길로 가시길 기도하겠습니다. 비록 짧은 만남에 제대로 된 만남이 아닐지언정 저에겐 학창시절 제일 훌륭했던 선생님이셨습니다. 잊지 않겠습니다. 교장 선생님.

4

유기량

안녕하세요, 교장 쌤? 저 기량이에요.

같이 콜라 마시면서 라면 먹은 게 어제 같은데…. 이제 같이 라면도 치킨도 못 먹겠네요. 제가 방학 때 학교에서 혼자 밥 먹고 있을 때 들어오셔서 같이 라면 먹은 걸 계기로 쌤이랑 많이 친해졌죠. 그때 라면이랑 치킨 좋아하는 걸 알고 너무 의외였어요. 그래서인지 그때부터 같이 밥 먹고, 같이 얘기하고, 친구처럼 지낸 것 같아요. 밥 먹을 게 없으면 치킨하고 짜장면도 사 주시고 뭐 있으면 항상 가져다주시고 정말 감사했습니다.

만난 시간은 7년밖에 되지 않았지만 저에게 선생님은 친구이면서 선생님이고 가족 같은 분이셨습니다. 저에게 선생님이 되어 주셔서 감사합니다. 이제 편하게 쉬시면서 아프지 마시고 저희를 지켜봐 주세요.

5

김하은

선생님 안녕하세요. 저 하은이예요.

입학해서 교장 쌤을 뵌 지 엊그제 같은데, 벌써 6학년이 되어서 졸업을 앞두고 있어요.

작년에 교장 쌤이 아프시단 얘기를 듣고, 그리고 평소보다 힘들어 보이는 선생님의 모습을 보고 걱정도 되고, 마음도 아팠지만 따뜻한 말 한마디 못 건넨 게 아쉽고 죄스러워요.

서울에 계신단 얘기를 듣고 찾아뵙지 못한 것도 죄송합니다.

선생님이 샨티를 만들어 주신 덕에 제 인생이 바뀌었어요.

평생 감사하겠습니다.

가시는 길 평안하게 가세요. 사랑합니다.

6

최혜원

선생님 안녕하세요. 저 혜원이예요.

이렇게 갑작스럽게 가시다니 조금 당황스럽기도 하고 무슨 감정인지 아직 정확히 잘 모르겠네요. 선생님의 건강이 이만큼 나쁘셨다는 이야기도 처음 들었어요.

학교에서 최근에 만나지도 못했고 뵙지 못했는데 너무 아쉽고 찾아뵐 걸 후회스럽네요.

귀가하던 주말이면 "혜원아." 하며 제 이름 불러 주시면서 악수 요청하시던 선생님의 모습이 아직도 새록새록 제 기억 속에 남아 있답니다.

여러 가지로 선생님을 통해 배우기도 많이 배웠고 바뀌기도 많이 바뀌었어요.

교장 선생님이라는 타이틀을 가지고 계셔서 제가 불편하게만 생각했던 것도 사실이구요. 제가 5년 동안 학교생활 하는 동안 키워 주셔서 정말 감사합니다.

정말 잊지 못할 거예요. 조금 빨리 가셨지만 거기

서도 저희 끝까지 책임지고 지켜봐 주시면 좋겠습니다. 오늘 가서 많이 늦었지만 인사드리고 찾아뵐게요. 사랑합니다, 선생님.

7

문지현

교장 쌤 저 지현이예요. 한창 힘들었던 6학년 때 맛없지만 교장 선생님이 성심성의껏 쪘을 옥수수 하나에 저는 선생님의 마음을 느꼈어요. 아까 소연이 언니랑 우연찮게 카톡 하면서도 우리 권술용 쌤 되게 위대하고 귀여우신 분이라고 스스로 자랑스러워했고요.

편찮으시다는 얘기 들었어요. 사실 가슴이 너무 아파요. 건강하실 때 선생님은 학생들에게 이렇게 멋진 우상이라고 말씀드리지 못한 나에게도 너무 섭섭하구요. 하얗게 세어 버린 머리를 볼 때면 나이에 걸맞게 늙어 버린 선생님이 너무 멋있다 싶으면서 얼굴 한 번 보지 못한 친할아버지가 떠올랐어요. 피 섞인 친할아버지보다 피 한 방울 안 섞인 선생님이 더 할아버지 같았나 봐요. 선생님을 부를 땐 선생님이라는 호칭보다 할아버지라는 애칭이 더욱 어울린다고 문득문득 생각했어요.

샨티학교의 6학년은 무척 고되고 힘들어요. 그만큼 교장 선생님의 칭찬이 더욱 그립고 힘이 되고요. 할아버지. 아프지 않으셨으면 해요. 샨티학교와 저는 할아버지의 진심 어린 칭찬과 대견해하시던 모습을 더욱 그리워하니까요. 아무 일도 아니란 듯, 그리고 언제나 그랬듯 훌훌 털어 버리고 세상사 이 일 저 일 간섭하셨으면 좋겠어요. 저의 할아버지에 대한 존경심이 더욱 깊어지게요.

할아버지. 무더운 날씨에 힘든 저희 가족을 위해 9월에 저희 집을 방문하셨던 그때를 잊지 못해요. 저희 엄마, 아빠, 그리고 저에게도 퍽 위로가 되었거든요. 언제나 그랬듯 저희 가족을 믿어 주셨으면 해요. 언제나처럼 건강하게요. 할아버지의 건강한 모습이 그리워요.

자랑스럽고 싶은 문지현 올림.

9. 권술용 선생님 영전에 부쳐

정호진(국제NGO생명누리공동체 대표)

권 선생님을 처음 만났던 때

권 선생님을 처음 만난 것은 2001년 새해맞이 생명평화영성 공동 단식 때입니다. 매년 12월 31일마다 새해맞이 공동 단식을 이끌어 오신 지 9년째 되던 해였습니다. 새해 아침이 되면 항상 가장 젊은 10대를 먼저 앉히시고는 70~80대부터 세배를 하게 만드셨던 기억이 너무도 생생합니다. 세상 잣대와는 다른 기준으로 세상을 보며 어린 사람이 존중받는 세상이 되지 않으면 하나님 나라가 못 된다고 어리고 낮은 자를 존중하시던 당신을 생각합니다.

그때 같이 환갑을 맞은 박성준, 이병철, 허병섭, 권술용 님과 수녀님 한 분을 위해 세대별 세배가 끝난 후 다시 한번 극진한 축하 인사와 축가를 불러 드린 것이 엊그제 같은데 당신은 이제 다시 못 올 먼 길 떠나시려 하십니다. 언제나 사람을 소중히 생각하고 좋은 사람들끼리 관계를 맺어 주려고 애쓰셨습니다. 가진 재능은 다 쓰고 가야 한다며 공동 단식에 처음 참석한 제게도 건강에 대한 특강을 하라고 시간을 만들어 주셔서 염치를 무릅쓰고 한 시간을 이끌어 갔던 것이 훗날 당신을 도와 공동 단식 프로그램 자체를 제게 맡겨 주신 계기가 되었습니다.

새로운 시도를 두려워하지 않으신 선생님

공동 단식 프로그램은 항상 감동과 기쁨이 넘쳐 단식이 끝난 뒤 한 달 이내로 꼭 서로 보고 싶은 마음에 후속 모임을 가지곤 했지요. 그해에도 허병섭 선생님이 무주에 새로 지은 집에 모여 1박 2일로 너무도 행복한 시간을 보내고서도 모자라 거창에서 농사짓고 있던 저희 집을 몇 사람과 함께 방문하여 또 밤을 지새우다시피 하며 긴긴밤 꿈과 비전을 나누었습니다.

그때 제가 처음으로 인터넷 카페를 만들어 운영하

던 모습을 보며 자신은 컴퓨터의 컴 자도 모르는 컴맹이라 하시면서도 제게 자신의 카페를 열어 달라고 조르셨지요. 글자판도 모르시던 당신이 한 자 치는데 1분씩이나 걸리면서도 한 자 한 자 익혀서 1년쯤 뒤에는 세상 그 누구보다도 늙은전사의 카페를 잘 운영하는 도사가 되셨습니다. 새로운 배움이 필요하다고 생각하면 주저 없이 자신을 던지시던 모습이 너무도 생생합니다.

세계생태공동체순례단 이끌고 세계로

거창에서 생명농업 농사꾼으로 살아가던 제가 인도로부터 생명농업을 지도해 달라는 요청을 받고 2001년 2월 처음으로 인도를 다녀온 뒤 2001년 7월부터는 아예 인도 생명농업 선교사로 떠나게 되었습니다. 6개월 혹은 1년쯤 한 번씩 인도에서 한국을 올 때마다 사람들을 불러서 인도 이야기를 듣고 싶어 하셨습니다. 두어 차례 그런 모임을 주선해 주시더니 어느 날은 제가 인도에서 일하는 모습이 너무도 보고 싶은

데 나는 영어 한마디 못 하고 돈도 없어서 아쉽다고 그러셨습니다. 그 말씀을 듣고 저도 방법을 고민하다 제안을 드렸습니다.

'권 관장님은 사람을 귀하게 여기고 모으는 재주가 많으시니 인도 생태공동체 순례단을 모은다고 알려서 15명만 모으시면 비행기 티켓이 공짜로 하나 나오니 사람을 모아 오시면 인도에서는 제가 알아서 안내를 해 드리겠습니다.' 당신은 좋은 제안을 들으시면 듣는 그 순간부터 실천에 옮기시는 분이십니다. 저는 그 말을 하고 인도로 떠났는데 당신은 어느새 사람을 모으기 시작해 2003년 여름에 27명이나 모으셨습니다. 크리스천 아카데미 팀과 합쳐 33명이나 되는 팀을 이끌고 첫 번째 인도 순례를 하셨습니다. 그리고는 재미가 들려서 그 후 인도를 여섯 번이나 다녀오셨고 저도 못 가 본 쿠바를 네 번, 동유럽 한 번, 바이칼호와 러시아 한 번, 저와 함께 아프리카 말라위와 탄자니아까지 무려 열세 번이나 세계 생태공동체 순례단을 이끄셨습니다.

국제 NGO 생명누리의 공동 대표로 활동

제가 인도 생명농업 선교사로 활동하며 2006년부터 본격적으로 인도 농촌에서 행복한 마을 만들기 운동을 하게 되면서 한국에도 생명누리가 NGO가 될 필요를 느끼게 되었습니다. 그러자 당신은 기꺼이 생명누리의 공동 대표를 맡아 주셔서 세계 속에서 행복한 마을 만들기 운동이 잘되도록 돕는 역할을 너무도 잘해 주셨습니다. 세계 생태공동체 순례단의 가장 중요한 탐방지도 언제나 생명누리가 행복한 마을 만들기 운동을 전개해 나가는 현지 마을이었습니다. 이런 아름답고 멋진 운동은 지구촌 곳곳에서 펼쳐져 가야 한다고 하시며 열심히 저와 생명누리를 돕고 한국 본부를 반듯하게 세워 나가셨습니다.

지구촌 인디고 청소년 여행학교를 함께 이끌고

권 대표님은 자신이 늙어서야 비로소 세계가 얼마나 넓고 할 일이 많은 곳인가를 알게 된 것이 후회된다 하셨습니다. 한국의 젊은이들이 청소년 시절부터 도전과 모험을 통해 세계를 가슴에 품는 호연지기를 기르는 일이 필요하다 하시면서 청소년 여행학교를 하자고 제안하셨습니다.

당신과 저는 언제나 톡톡 튀는 아이디어가 끊임없이 나왔고 그것이 이 세상을 위해 필요한 일이고 좋은 일이라고 판단하면 순식간에 실천에 옮기는 실천력을 선보였습니다.

너무도 다른 개성을 지닌 두 사람이었지만 아이디어와 꿈과 실천력만큼은 언제나 함께였습니다. 그렇게 해서 2009년부터 시작한 지구촌 인디고 청소년 여행학교는 30일 학교, 40일 학교, 50일 학교, 100일 학교, 300일 학교 등의 모습으로 벌써 23회째를 다녀오며 인도와 중국과 동남아 여러 나라를 섭렵했고 터키와 유럽과 스페인의 산티아고 길을 걸었습니다. 그런 여행학교를 통해 부모와 다투고 학교를 떠나고 문제아로 낙인찍혔던 아이들이 본래 우리의 꿈처럼 세계를 가슴에 품는 훌륭한 청소년으로 거듭나는 감동적인 모습을 보여 주었습니다.

세상 어디든 성스러운 순례지로 만든 진정한 순례자

 대동복지관 관장에서 퇴임한 후 시간이 자유로워지자 당신은 세상을 향한 순례를 시작하셨습니다. 순례란 주로 종교의 성지를 가는 것인데 당신은 순례자가 되어 전국의 당신을 알고 있는 많은 이들의 집을 성지로 생각하며 성지의 개념을 바꾸어 놓은 분이십니다.
 그런 순례의 연장으로 강정 해군기지 반대를 위한 100일 평화순례를 하시다 결국 강정에 눌러앉아 삶으로 평화순례를 이끄셨습니다. 하루에 쌀 한 가마니씩만 소비할 정도로 사람들이 모여들기만 하면 강정 해군기지를 필히 막아 낼 수 있다며 구럼비에 텐트 치는 운동도 벌였습니다. 컨테이너도 사다 놓고 강정 평화센터도 건축하여 해군기지 반대투쟁과 평화운동을 이어 가고 전국의 수많은 아는 이들과 단체를 강정으로 순례를 오도록 주선하셨습니다. 그렇게 강정에서 열렬히 투쟁하신 대가로 세금 폭탄을 맞고서는 감옥이야말로 가장 훌륭한 공동체가 될 수도 있다는 제 조언을 들으시고 벌금 대신 몸으로 때우겠다며 감옥으로 향하신 당신의 모습을 기억합니다.

대안학교 샨티학교를 세우고

생명누리가 시작한 지구촌 인디고 청소년 여행학교의 성공을 보면서 우리는 청소년 여행학교는 일시적인 청소년의 변화를 가져오지만 좀 더 지속적인 교육과 훈련을 통해 훌륭한 이 땅의 지도자로 양성하기 위해서는 대안학교가 하나 필요하다는 이야기를 함께 나누었습니다.

마침 2009년도에 인도에서 일곱 명의 청소년으로 시작했던 샨티학교가 있었습니다. 그런데 2010년 인도 비자 문제로 저희 부부가 인도로 들어가기 어렵게 되자 인도는 일 년에 3개월만 가고 나머지 9개월은 한국에서 교육하는 제대로 된 대안학교를 하나 만들자고 뜻을 모았습니다.

그런 이야기를 나눈 지 몇 개월 만에 우리는 경북 상주에 있는 삼주환경농업학교 오덕훈 님과 힘을 합쳐 샨티학교를 열었습니다. 당신과 함께 꾸는 올바른 비전과 꿈은 그 어떤 어려움도 장애가 되지 않았습니다. 제가 샨티학교의 초대 교장이면서 국제 NGO 생명누리의 대표를 겸하는 것이 벅차다는 생각을 하며 학교가 문을 연 지 2년 뒤인 2013년 2월에 샨티학교 교장을 사임하였습니다. 새로운 교장을 모시려고 해도 가난하고 작은 학교에 오려는 교장이 없어서 할 수 없이 1년 동안 새 교장을 모시는 과도기로 당신은 샨티학교의 임시 교장이 되어 주셨습니다.

샨티학교의 교장으로

그렇게 임시로 1년만 맡아 주시기로 하셨던 샨티학교의 교장직을 당신은 만 4년간을 맡으시며 늙었지만 젊은 전사로, 청년 전사로, 낮은 자리에서 봉사하는 교장으로 청소년들과 선생님들을 사랑으로 이끌어 주셨습니다. 당신은 앞장서서 학교의 농사와 궂은 일 다 하시는 교육자의 모범을 보여 주셨습니다. 샨티를 거쳐 간 수많은 학생들이 우리들의 영원한 교장 선생님을 기억하며 당신이 걸어오신 생명과 사랑과 정의

와 평화의 길을 잘 걸어갈 것입니다.

암을 짊어지고서도 필요한 현장으로 달려가시던 당신

그렇게 열심히 일하시고 잘 걸으시던 당신이 조금씩 힘들어하시는 모습을 보면서도 우리는 그저 연세가 들어 가니 그러신 걸로 알고 대수롭지 않게 생각했습니다. 2016년 11월 말 설암에 걸린 사실을 알게 된 우리는 참으로 놀라고 어찌할 바를 몰랐습니다. 정말 감동적이었던 샨티학교 4회 졸업식을 끝으로 샨티학교 교장 임기를 마치고 수술과 항암제와 방사선 치료를 거부하고 자연치유에 힘쓰기로 하셨습니다. 지금껏 그렇게 이 땅의 가난하고 병든 자와 거리의 사람들과 청소년과 아파하는 사람들 위해 살아오시면서 얻은 설암이라면 이제는 오로지 자신의 건강을 돌보는 시간을 가져야 할 것이었습니다. 그럼에도 여전히 이 땅의 민주화를 위하여 세월호 모임과 노동 투쟁 현장과 촛불 집회에 열심히 나기시는 당신을 보며 걱정이 되면서도 그것이 당신의 삶인데 어쩌랴 싶어 적극적으로 말리지 못한 것이 이제 와 보니 참 한스럽군요.

마지막 꿈은 이루지도 못하시고 떠나시는 당신

이제는 제발 당신 자신의 몸을 돌보고 지금껏 살아오는 동안 함께해 주신 하나님의 은혜를 생각하며 감사 명상으로 시간을 보내고 여전히 새로 떠오르는 아이디어가 있거나 지난날들을 정리하고 싶은 것들이 있다면 블로그에 글과 사진을 올리는 일을 하며 사시라는 저의 제안을 당신은 기쁘게 받으셨지요. 이제 정말 그렇게 묵상하며 살아야겠다고 다짐하며 새 블로그도 열고 글도 쓰기 시작하셨습니다. 이제 시작인데 그렇게 정리도 못 하고 떠나시면 어찌합니까?

여러 차례 혀에서 피를 쏟기도 하고 목은 부어올라 말씀하시기도 힘드시고 점점 혼자서의 거동도 불편해지시는 당신을 옆에서 지켜보며 기쁨으로 웃으시며 정말 천사처럼 뒷수발 다 하시던 아름답고 마음씨 고운 당신의 예쁜 아내 남겨 두고 어찌 그 먼 길 떠나십니까?

아직도 꿈과 비전이 안 보이는 젊은이들의 나약함을 아쉬워하며 세계를 향한 당신의 꿈과 비전을 더 보여 주고 나누어 주셔야 하는데 당신이 떠나시면 누가 그 일을 대신하나요?

개량 한복 입고 수염도 기르시고

처음 만난 때부터 줄곧 당신의 모습을 보며 조금은 낡은 이미지를 벗어 버리고 새로운 모습으로 사람들 앞에 서면 좋겠다는 생각을 했습니다. 그래서 여러 차례에 걸쳐 적극적으로 권해 드렸던 것이 양복을 벗어 버리고 개량 한복을 입으시고 자라는 수염을 면도하느라 시간 보내지 말고 멋진 수염을 기르면 좋겠다는 것이었습니다. 개량 한복은 몇 번의 권고를 듣더니 좋다고 생각하여 실천에 옮기시니 참 새로운 모습으로 달라져 보였습니다.

가는 곳마다 개량 한복을 입고 다니시는 모습이 참 어울린다 싶어 한 달 전에는 회복되시면 입으라고 개량 한복 하나를 선물해 드렸는데 끝내 입어 보지도 못하고 떠나시는군요. 그런데 수염 기르기는 부드럽지만 단호하신 사모님 눈치 보시느라 몇 년이 걸렸습니다. 매사에 단호하고 빨리 실천에 옮기시던 당신께서도 사모님만은 쉽게 넘을 수 없는 벽이 되고 울타리가 되셨습니다. 한번 수염을 길러 보시니 너무도 좋아서 사람들이 모이는 자리마다 외치고 다니셨지요.

"수염 없는 남자는 모두 고자다."

그러면서 세계 수염 기르기 대회도 열고 수염 기르는 사람들 모임도 하자시더니 끝내 못 이루고 가시는군요.

지난 월요일(5월 1일) 당신을 마지막으로 뵙던 날 그렇게 오랜 세월 사랑하시던 수염도 깎고 이발도 하고 싶다고 하셔서 저의 아내 박미향이 직접 예쁘게 잘라 드렸더니 입가에 은은한 미소 지어 보이셨지요. 자신의 마지막 가는 길을 예감했던 그 모습 우리도 알아차렸어야 했습니다. 그래서 더 힘껏 안아 드렸어야 했는데 손만 꼭 잡아 드리며 며칠 뒤 다시 오마고 약속했는데 당신은 그 손잡음을 마지막 인사로 하셨나 봅니다.

사랑하는 권 선생님
언제나 스승이요 친형님 같던 권 선생님

  이 글을 쓰는 순간 당신과 함께했던 나날들이 너무도 행복했구나 싶습니다. 그러면서도 다시는 당신의 인자한 말씀과 내 손 꼭 잡으며 격려해 주시던 그 모습을 뵈올 길 없다는 생각에 흐르는 눈물이 앞을 가립니다.

  사랑하는 권 선생님!

  지금 놓아드리기에는 아쉽지만 정말 아쉽지만 이제 당신을 떠나보내렵니다.

  편히 가소서!

  아직도 당신과 손잡았던 그 온기와 보고 싶으니 자주 오라는 그 말씀과 따스하지만 쓸쓸해 보였던 그 시선이 눈에 어른거려 당신의 손을 놓기가 정말 아쉽습니다. 하지만 이제는 기쁨으로 보내 드릴게요. 편히 가세요. 이제 이 땅의 모든 짐 내려놓고, 아니 남은 저희들에게 맡기시고 편안한 마음으로 하늘 저편까지 나래 펴고 가세요. 가셔서 먼저 가신 친구 허병섭 형님도 만나고 당신이 진정 성자라 여기며 좋아하셨던 김복관 선생님도 만나고 당신이 직접 추모사를 쓰셨던 채규철 선생님도 만나고 사랑과 미움도 함께 가지셨던 스승 함석헌 선생님도 만나시고 당신의 진정한 친구요 스승이셨던 예수님도 만나셔서 이 땅 우리나라가 멋지고 아름다운 민주와 평화와 통일의 나라 되게 빌어 주소서!

2017년 5월 5일.
당신의 제자요, 아우요, 영원한 동지 정호진 드림.

10. 영원한 청년 '권총'

김경일(대한성공회 신부, 생명평화결사 전 운영위원장)

권술용 생명평화결사 전 순례단장이 돌아가셨다.

마지막 통화가 두 달 전쯤이었던 것 같다. 내 아들 결혼식에 꼭 참석하려 했는데 못 가서 미안하다며 예의 그 호탕한 웃음으로 마무리를 했다. 그때만 해도 병이 그를 위축시킨다는 느낌은 전혀 없었고, 뼈대 굵고 주먹 큰 남자의 기개는 여전하다고 느꼈다.

그런데 이렇게 갑자기 부음을 듣게 되다니.

나는 연세 높은 70대의 그를 남들처럼 짧게 '권총'으로 불렀다. 내가 권총을 더 가까이서 만난 것은 권총의 정례적인 단식 모임에 자격 없는 춤 선생으로 불려가서였다. 거기서 권총의 지인들이 어떤 면면을 지녔는지도 구경했다. 대한민국의 각계 숨은 고수들이 다 모였다는 것은 분명했다. 생명평화운동을 하면서 그의 넓은 인맥이 함께했다.

간혹 드러나는 권총의 말도 안 되는 무모함은 그의 영혼의 순수함과 순진함이 화학 작용을 일으킨 결과이다. 그는 이 땅의 '의'와 '참된 뜻'을 바로 세우기 위해서는 물불을 가리지 않았다. '도인'인 척하지도 않고 점잔 떨지도 않았다.

제주도 강정마을에서 생명평화운동을 한다며 동네 마을회관에서 그와 2년 동안 함께 머물렀던 적이 있다. 그는 해군기지건설로 북새통이었던 강정마을에서 단연 돋보이는 존재였다. 어느 청년들보다 더 다이내믹하고 에너제틱해서 때로는 걱정스러워 말려야 할 정도였다.

'권총'과 함께 많은 식구의 세끼 밥을 하고 찌개를 끓이며 부부처럼 살았다. 마을 곳곳에서 자리를 정해 100배 절을 함께했다. 그의 온갖 신출귀몰한 구상을 제지하는 척하며 그의 편을 드는 것이 내 역할이었다. 그와 시시콜콜 부딪치며 우정을 쌓았다. 나이 들어서도 이렇게 멋있고 힘차게 살 수 있다는 것을 온

몸으로 몸소 보여 주었다. 정초 추운 제주도 바닷물에 뛰어들어 헤엄을 치면서 편한 늙은이를 자처하는 우리를 조롱하는 것도 그의 몫이었다.

  함석헌 선생님의 씨을농장 시절을 약관의 나이에 같이 보냈고, 외모도 그대로 닮아 작은 함석헌이었다. 그를 문상하는 자리에 황망한 마음으로 달려가 고개 숙여 앉았다가 정신을 차리고 주변을 둘러보니 대한민국의 각계 대표 선수들과 우국지사 의인들은 다 모여 있었다. 대한민국을 평생 폭풍처럼 광폭으로 쓸고 다닌 결과이다. 함량 미달인 내가 있을 자리는 아니란 생각에 부끄러워서 얼른 나와 버렸다.

  '권총'의 그 하늘을 찌를 듯한 기개와 불같은 성격, 뜨거운 가슴과 열정, 영원한 청년의 모습은 내 가슴 속 깊은 곳에서 목숨이 붙어 있는 한 지워지지 않고 나를 뿌리에서부터 흔들어 댈 것이다.

  권총!

종교 밥 먹고 산다고 내가 건방 떤 거 용서하시오. 나도 그 재미로 사는 것 알잖소. '권총'이 없는 대한민국은 이제 많이 심심할 것 같아. 아직 눈물도 안 나. 실감이 안 난다니까. 권총이 꼭 있어야 할 자리에 종내 나타나지 않으면 그때야 간 걸 알게 되려나? 부탁컨대 천국에 가서도 타고난 성질 죽여 조용히 있지 말고 착한 사람들이 얌전히 사는 그 동네를 마구 분탕질하시길. 그래서 지옥보다 훨씬 더 재미있는 흥미진진한 곳으로 바꾸어 놓으시오. 나도 가고 싶게.

5장
권총 패밀리

1. 나의 할아버지

권요한(장손, 사회복지사)

나는 초등학생 시절을 대전 시내가 한눈에 다 보이는 하늘 동네 대동에서 할아버지, 할머니와 함께 지냈다. 살아오면서 대동에서 지낼 때의 기억을 회고한 적은 별로 없었는데 이렇게 글을 적으려고 앉아서 돌이켜 보니 할아버지와 함께 지내며 있었던 소소하지만 재밌던 기억들이 하나둘씩 생각이 난다. 할아버지와의 작지만 따듯하고 평화로운 일상들이 문득 그립다.

하루는 해가 쨍쨍 떠서 날씨가 무더운 여름날이었다. 초등학생인 나는 선풍기 앞에 붙어 있으면서도 더위를 견디지 못하고 찡얼거리고 있었다. 할아버지께서 그 모습을 보시고는 김장 김치를 담글 때 사용할 법한 빨갛고 커다란 고무 대야를 문 입구에 두시고는 물을 채우셨다. 그늘진 곳이라 공기는 따듯한데 물은 시원해서 절묘하게 기분 좋은 간이 수영장이 만들어졌다. 어릴 적 수영장에 대한 기억이 없을 정도로 수영장을 간 적이 없다 보니 그 작은 수영장 안에서 손이 쭈글쭈글하게 불어날 정도로 푹 빠져서 놀았다. 그 뒤로도 할아버지는 바쁘신 중에도 어린 나를 위해 여름엔 수영장을, 겨울엔 온천탕을 만들어 주셨다.

할아버지께서는 젊으실 적에 씨올농장에서 지내셨다. 그때의 경험이 배경이 되었던 것인지 모르겠지만 대동에서 살 때도 작게라도 농사를 꾸준히 지으셨다. 집 뒤쪽 언덕진 곳에 20~30평 되는 작은 밭이 있었는데 아침 일찍 혹은 주말에는 꼭 밭일을 하러 나가셨다. 어떤 것을 심고 기르셨는지는 기억이 나지 않지만 어린 나에겐 신선한 풍경이었다. 할아버지께선 나에게 무언가를 시키진 않으셨다. 하지만, 열심히 허리를 굽히시던 할아버지의 등은 듬직했고 작은 밭의 흙냄새는 따듯했고 풀냄새는 싱그러워 기분이 좋았다. 나중엔 그 밭 한구석에 음식물이나 썩는 쓰레기를 묻기도 했는데 그때 할아버지께선 플라스틱은 안 썩으니 절대 묻으면 안 된다고 하셨다. 그 뒤로 언제부터인가 쓰레기를 땅에 묻는 일은 내 담당이 되었다. 내 인생 첫 인수인계의 과정을 그때 경험한 게 아닌가 싶다.

 할아버지께선 모든 음식을 다 좋아하셨고 잘 드셨다. 그리고 단 음식, 군것질 등을 조금은 더 좋아하셨던 것 같다. 한창 달고 짠 음식을 좋아할 초등학생 시절, 할머니께선 어린 나를 위해 아침에 계란후라이를 꼭 해 주셨다. 보통 할머니표 건강식 요리가 주를 이루었기에 달고 짠 음식을 먹기가 어려웠지만 가끔 할머니께서 요리하시기 힘드실 때면 라면을 끓여 주시곤 했다. 한참 라면을 먹고 있을 때 마침 할아버지께서 들어오시면 내가 라면을 워낙 맛있게 먹어서일까 내가 먹던 라면을 한 젓가락씩 맛보시곤 하셨다. 나는 싫은 내색을 하진 않았지만 얼굴에서 티가 났는지 그 모습을 본 할머니께선 할아버지께 '애 먹는데 왜 뺏어 먹고 그래요!' 하고 잔소리를 하시곤 했다. 이런 식의 패턴이 적지 않게 있던 일이라서 돌이켜 보니 아직도 눈에 선하고 기억에 남는다.

할아버지께선 당연히 손자의 라면을 뺏어(?) 먹기만 하신 것은 아니다. 추운 겨울에 해가 다 저문 늦은 시간이 되면 한 번씩 퇴근길에 붕어빵을 사 오시곤 했다. 붕어빵을 파는 마차에서 집까지 시간이 꽤 걸리기 때문에 사 오신 붕어빵은 보통 약간 눅눅해져 있었다. 하지만 어린 나는 눅눅하건 바삭하건 보일러 돌아가는 뜨끈한 방바닥에 엉덩이를 딱 붙이고 앉아서 TV에서 뭐가 나오는지도 모르고 신나게 붕어빵을 먹었다. 당연히 할아버지께서도 붕어빵을 같이 맛있게 드셨다.

계절 상관없이 주말 아침에는 나를 데리고 집 뒷산으로 등산을 가셨다. 보통 2시간 정도 걸리는 코스였는데 내가 어려서 그 코스를 도는 데 그보다 오랜 시간이 걸렸다. 한번은 등산 코스의 절반도 못 가 갑자기 대변의 신호가 울렸다. 하지만 그땐 지금처럼 이동식 화장실 등이 잘 되어 있지도 않았고 화장지도 없어서 무척 난감한 상황이었다. 그때 할아버지께선 길이 나지 않은 언덕으로 쑥 들어가시더니 뭔가를 주섬

주섬하시다가 나오셔서 무언가를 건네셨다. 다름 아닌 면이 깔끔한 풀잎이었다. 상당히 당황했지만 그대로 터트릴 수도 없었던지라 눈물을 머금고 숲속 어딘가에 숨어서 일을 보곤 풀잎으로 깨끗하게 닦아 내었다. 이날을 계기로 무언가 허들이 낮아진 나는 훗날 인도에서 손으로 큰일을 보는 데 어려움이 없었다.

할아버지, 할머니와 함께 지냈던 대동은 달동네이며 판잣집이 많았고 동네 특성상 골목길이 상당히 많았다. 그렇기에 어린 나에겐 최적의 놀이터였고 많은 친구를 사귈 수 있었다. 동네 친구들과 동네를 이리저리 바쁘게 돌아다니다 보면 이 집 저 집 들어가서 놀기도 하고 밥도 얻어먹기도 했다. 그때 만난 많은 분이 권술용 관장님 덕분에 잘 지낸다, 감사하다는 등의 이야길 나에게 많이 해 주셨고 지나가면서 만나도 정겹게 인사를 해 주셨다. 그때엔 그저 평범한 일상이라고 여겼는데 이제 돌이켜 보니 할아버지께서 동네 주민들에게 건넨 마음들이 나비효과를 일으켜서 나에게까지 돌아온 마음이라는 생각이 든다.

할아버지께선 강정마을에서 처절하게 싸우셨다. 때론 경찰들과 맞붙어 싸우시기도 하고 때론 차 밑에 들어가서 싸우시는 등 그 누구보다도 뜨겁게 싸우셨다. 그렇지만 그저 싸우시기만 한 것이 아니라 구럼비를 향해 나아가는 길에 해바라기를 심으셨다. 언젠가 구럼비와 같이 이 해바라기들이 강정마을에 평화를 찾아 주길 바라신 것이다. 그 과정에서 나는 할아버지와 내 친구 석규와 함께 땅을 가꾸는 등 할아버지의 일을 도왔다. 해가 뜨겁게 비추는 여름이었기에 할아버지께선 땀을 뻘뻘 흘리시며 일을 하셨다. 그때 할아버지의 표정은 '힘들다, 덥다'라는 감정보단 '해내고 말겠다!'라는 의지가 느껴져서 덩달아 나와 석규의 마음도 뜨거워졌다.

"사람을 보려면 그 인생의 후반부를 보라."

– 채근담

채근담에 나오는 명언이다. 할아버지를 떠올리면 이 문장이 생각난다. 나는 할아버지의 인생의 초·중반부, 그러니까 젊은 시절은 모른다. 내가 태어났을 때부터 할아버지는 할아버지였기 때문이다. 그럼에도 할아버지의 인생을 멋지고 훌륭하고 감동이 있다고 이야기할 수 있는 건 내가 할아버지 인생의 멋진 후반부를 보고 자랐기 때문일 것이다. 나와 마찬가지로 할아버지를 아는 분들 중 할아버지 인생의 초·중반을 아는 사람은 그리 많지 않을 것이다. 그렇지만 우리 모두 할아버지를 멋지고 훌륭한 '늙은전사' 혹은 '권총'으로 기억할 것이다.

2. 아버지의 우산

권지성(둘째 아들, 한국침례신학대학교 사회복지학과 교수)

저는 아버지가 씨올농장에서 일하시던 1971년에 태어났습니다. 그리고 1978년에 강릉으로 이사와 전학을 갔습니다. 그 사이에 아버지에 대한 기억은 거의 없습니다.

1978년부터 1985년까지는 강릉에 살았습니다. 이 기간에 아버지에 대한 기억을 꼽아 보면, 일명 닭장차라고 부르는, 양계장에서 닭집까지 닭을 운송하던 차의 운전석 뒷자리에 잠들어 있던 기억, 명절이면 대진 큰아버지 댁까지 오가곤 했는데 그때마다 큰집과 우리 집 사이에 있는 여러 친인척 집을 다 들러서 왔던 기억, 그리고 아버지의 사업에 부도가 나서 몇 달 동안 아버지가 안 계셨던 일과 언젠가 아버지가 채권자에게 심하게 맞고 돌아오셨던 기억 등이 떠오릅니다. 그 기억 속에서 아버지는 어린 아들을 데리고 다니고 싶으셨던 분이고, 자녀들의 의사와는 상관없이 당신의 뜻대로 결정하고 행동하는 분이기도 했으며, 번번이 사업에 실패하고 급기야 빚쟁이한테 맡기까지 한 분이었습니다. 좋은 기억도 있고, 나쁜 기억도 있습니다. 어쨌든 그 덕에 어머니도 말로 다 할 수 없는 숱한 고생을 하셨지요.

 그래서일까요? 저는 나중에 결혼한 뒤에 아버지와 똑같이 두 아들과 딸 하나, 삼 남매를 두면서 아버지와는 다른 아빠가 되기로 했습니다. 자녀들과 더 많은 시간을 보내기 위해 애썼고, 자녀들이 싫어하는 것을 억지로 시키지 않기로 했으며, 가족여행은 계획된 대로 이동하고자 했고, 실패할 가능성이 적은 안전한 일을 선택했습니다.

 제가 중학교 2학년이었던 1985년 강릉을 떠나 안산으로 이사를 하면서 형과 저는 홍성으로 전학을 해서 풀무학교 기숙사에서 같이 지냈습니다. 부모와 떨어져 남녀공학 중학교에 다니면서 기숙사에서 생활한 4개월여의 시간은 그리 나쁘지는 않았습니다. 그때 저는 중학교 2학년이었으니 오히려 그 덕에 격동의 시기를 어물쩍 넘기게 되었는지도 모르겠습니다. 불행인지 다행인지 다니던 학교에서 퇴학을 당하고 다시 부모님과 살게 되었습니다. 그때 부모님은 통닭집을 하셨습니다. 저는 검정고시 학원에 다니면서 신문 배달을 했습니다. 1986년에는 서울 상계동으로 이사 갔는데, 부모님이 호떡을 굽느라 고군분투하시는 동안 저는 역시 검정고시 학원을 다니고 신문 배달을 했습니다. 지금 생각해 보면 고생길이었던 것 같은데, 당시에는 특별히 힘들게 생각하지는 않았던 듯합니다. 그리고 그때부터 아버지가 보이기 시작했습니다. 학원에서 돌아오고, 신문 배달을 마치고 돌아오면 아버지가 계셨으니까요. 우리 가족은 그때도 가난했겠지만, 그래도 옹기종기 모여 살면서 재미있게 지냈던 것 같습니다.

그러던 어느 날, 아버지와 우리들의 새로운 인생이 시작되었습니다. 시민혁명이 일어난 1987년, 제가 고등학교 1학년 때 일입니다. 내막은 몰랐지만, 형을 제외한 가족 모두가 대전에 있는 아동양육시설인 대전애육원으로 가게 되었고, 아버지는 총무로, 어머니는 보육사로 일하게 되었습니다. 저에게는 시설의 '남는' 방이 주어졌습니다. 총무의 자녀들을 방마다 배치되어 있던 아이들과 같이 살게 할 수는 없으니 따로 살 수 있는 공간을 주어야 하는데, 그게 마땅치 않으니 이래저래 공간을 재배치해서 남는 공간을 준 것이겠죠. 이런 상황을 지켜보는 시설 아이들의 시선은 그리 곱지 않았을 것입니다. 어쨌든 폭력이 난무했던 시설 분위기에서 나이 많은 형과 누나들도 저를 건드리지는 않았고, 또래들과도 일정한 거리가 느껴졌지만 그래도 저를 잘 대해 줬던 것 같습니다. 저는 그 시절을 조용하게 보냈습니다.

호떡집 아저씨에서 하루아침에 아동양육시설의 실세 총무가 된 48세의 아버지는 그곳에서 개혁을 시작했습니다. 이전에 시설 생활을 겪어 보지 않았던 저로서는 그게 개혁인지 아닌지 알 수 없었으나 돌아보니 그랬습니다. 아이들의 방을 재배치하고, 식사의

질을 개선하고, 창고에 가득 쌓여 있던 간식을 골고루 나눠 주고, 행·재정 체계를 바꾸었습니다. 시설 아동들의 자치회도 구성되었고, 민주적인 의사소통 구조도 세워졌으며, 아이들이 '사무실'에 드나들기 시작했습니다. 아동들이 원가정과 관계를 유지하도록 하는 프로그램도 기획·추진되었고, 삼성복지재단의 지원을 받아 유명세를 떨쳤습니다. 당시로서는 획기적인 시도였습니다. 결연 후원자의 가정에 방문하여 주말을 보내고 오는 프로그램도 진행되었습니다. 재정 후원자들과 자원봉사자들의 방문도 잦아졌고, 아이들이 지역사회의 각종 행사에 참여하는 빈도도 높아졌습니다. 이른바 '시설의 사회화'가 이루어진 것입니다.

그러던 중에 이름도 '평화의마을'로 바뀌었고, 아이들이 모두 기억하는 '국토순례'도 시작되었습니다. 아이들도, 보육사를 포함한 직원들도, 자원봉사자들도 각자 얻은 것이 있겠지만, 어쩌면 가장 큰 수혜자는 저일 것입니다. 대학생이 되면서 대전애육원-평화의마을의 핵심 자원봉사팀이었던 〈타래박〉에 들어가서 활동하게 되었고, 자연스럽게 국토순례를 위한 사전 답사팀에 소속되어 전국 방방곡곡을 다닐 수 있었으며, 실제 국토순례에서도 같이 여행하면서 풍부한 경험을 할 수 있었습니다. 말 그대로 '호연지기'를 얻은 것이 가장 큰 수확이라 할 수 있겠습니다. 또한 그 뒤에 추진된 소록도 봉사를 따라가면서 새로운 세계를 만나게 되었고, 지금의 아내도 그 세계를 산책하던 중에 만났습니다. 지금 평화의마을 원장이 된 분과 리더를 맡아 청소년 아이들과 전국 무전여행을 다녀온 것도 아버지의 제안이었습니다. 지금 제 안에 꿈틀대는 다양성은 그 시기에 형성된 것이 아닌가 생각됩니다.

그러던 어느 날 대전애육원의 옛 건물을 헐고, 큼지막한 새 건물을 짓는 대공사가 시작되었습니다. 아버지는 이 시기에 '광야생활'이라는 그럴듯한 이름을 지었습니다. 다들 불편하게 지냈지만 그래도 새 건물을 보고 나니 큰 위로가 되었을 것입니다. 그 기간에 저는 임시 숙소들을 전전했던 것 같고, 새 건물이 지어진 뒤에는 한동안 지하의 남는 공간에서 딴짓(『우리집 식구는 96명』 책의 표지에 있는 그림 같은 걸 그리면서)을 하면서 보냈으며, 그 뒤에는 아버지가 옥상에 임시 숙소로 지은 비닐하우스 집에서 가족이 같이 모여 지냈습니다. 그러다 대학을 졸업하면서 평화의마을을 떠나 살게 되었고, 그 뒤로는 종종 들러서 소식을 듣는 형편이 되었습니다.

고등학교 1학년 때부터 대학에 입학하고 병역을 마치고 졸업할 때까지 평화의마을에서 살았던 9년의 세월은 저에게 무엇을 남겼을까요? 저에게는 이 기간이 인생의 전환점이었고, 정체성을 형성하는 기간이었고, 어떻게 살아야 할지 고민하고 결정하는 시기였고, 많은 사람과 연결되는 시점이었고, 내 안에 숨겨져 있던 많은 것들을 발견하는 기간이었습니다. 자원봉사 모임인 타래박에서 활동하면서 글을 제법 잘 쓸 수 있게 되었고, 그림도 그리게 되었고, 허드렛일을 많이 하며 배웠습니다. 맨땅에 헤딩하는 법을 배웠고, 이벤트를 기획하고 추진하고 실행하는 과정과 방법들도 배웠습니다. 지금 제가 잘하는 일들은 대부분 그때 익힌 것들입니다.

대학원에 입학하게 되고 서울로 유학 가면서 저는 아버지와 멀어졌습니다. 박사과정에 들어가고 소록도에서 만나 사귀던 여자 친구와 결혼을 하고 박사학위 논문을 진행하면서 종종 대전에 와서 부모님을 뵈었고, 가족 모임도 이어 갔으며, 명절마다 여전히 강원도 큰댁에 같이 가기는 했지만, 아버지의 일은 날로만 들었습니다. 저는 사회복지 연구자로서 제 길을 가게 된 것입니다. 그렇게 박사과정을 마치고 전임교수가 되어 대전으로 돌아왔지만, 아버지의 길에 다시 들어서지는 못했습니다. 사회복지관장에서 은퇴하신 뒤에도 여전히 아버지는 많은 일을 하고 계셨고, 그 일들을 자랑스럽게 말씀하셨지만, 저는 제 일에 바빴습니다. 아버지는 '네 얘기 좀 해 봐라. 왜 이리 말이 없냐?'라고 늘 타박하셨는데, 저는 아버지와 긴 대화를 나눠 본 적이 없어서 늘 웃기만 했습니다. 지금 돌아보면 그 순간들이 아쉽고 후회도 됩니다.

대전에서 교수 생활을 하는 것은 원래 부담스러운 일이었습니다. 대전의 사회복지 분야에서는 아버지를 모르는 사람이 없으니 제가 어디에 가든 아버지의 아들로 회자되었고, 아버지 소식을 전해야 했고, 훌륭한 아버지를 둔 아들로 거론되었습니다. 그러니 의식이 될 수밖에 없지요. 그럴까 봐 애초에 대전에서 직장을 잡는 것을 저어하기도 했습니다. 제가 아버지보다 나은 사회복지사가 될 자신도 없었습니다. 결국 제가 선택한 전략은 제게 주어진 길에서 최선을 다하며 다른 길을 개척하는 것이었습니다. 그 전략은 아직 성공하지 못했습니다. 그러나 남은 여정에서 채워 갈 수 있을 것입니다.

아버지의 우산에서 제가 얻은 교훈을 정리해 보았습니다. 아버지는 늘 머물러 있던 자리를 정리하고 떠나라고 하셨습니다. 마무리를 잘하라는 뜻입니다. 그래서 저는 늘 모임이 끝날 때 자리에서 가장 마지막에 떠나려고 합니다. 또한 모든 일의 마무리를 깔끔하게 지으려고 노력합니다.

앞서 언급했던 것처럼, 저는 아버지가 되면서 '아버지'를 닮지 않으려고 했습니다. 그런데, 삼 남매를 키우면서 보니 어느새 아버지처럼 하고 있었습니다. 저는 MBTI에서 극단적인 J형, 즉 계획된 대로만 움직이는 유형이었는데, 여행 중에 문득 좋은 풍경이 보이면 계획된 여정에서 벗어나 차 운전대를 돌리는 일이 잦아졌습니다. 자녀들과 시간을 같이 보내는 것은 바람직하지만, 자녀들의 삶에 지나치게 간섭하는 일은 지양해야 함을 배웠습니다. 자녀들이 내 뜻대로 행동하지 않을 때 어쩌면 아버지의 단호한 태도가 필요함을 느꼈습니다.

교수라는 안정적인 직업을 얻었고 대학생들을 가르치며 보람을 느끼고 있지만, 하던 대로 하는 것을 꺼리게 되었습니다. 매년 비슷한 과목들을 가르치고 있지만, 늘 새로운 시도를 하려 노력하고 있습니다. 학생들에게 과제를 내줄 때도 '하던 대로 하지 않는 것'을 첫 번째 원칙으로 제시하고 있습니다. 제 전문성이라고 생각하는 질적 연구 분야에서 새로운 방법론을 개발하고 있으며, 이것을 사회복지 분야의 주류 질적 방법론으로 만들어 갈 작정입니다. 질적 연구방법론의 개발은 그동안 국내 사회복지 분야에서 한 번도 이루어지지 않은 일입니다.

사회복지 현장에 다가가는 것도 서슴지 않고 있습니다. 가는 곳마다 아버지에 대한 기억을 소환하는 일은 여전하지만, 권술용 사회복지사의 아들이 아니라 권지성 교수로서 제 할 일을 다 하고, 작지만 의미 있는 영향을 미치고자 합니다. 전임교수가 되고 얼마 안 돼 한국사회복지질적연구학회 창립을 주도했고, 몇 년 전에 회장직을 수행했습니다. 전국에 있는 사회복지사들을 모아서 질적 평가를 위한 네트워크를 조직하기도 했고, 사회복지행정에 대한 연구를 통해 사회복지사들을 만나고 이야기를 듣고, 그들의 일에 보탬이 될 연구 작업을 수행하고 있습니다. 자랑스럽지는 못해도 아버지에게 부끄럽지 않은 아들이 되기 위해 노력하고 있습니다.

제가 아버지로부터 얻은 가장 큰 교훈은 '선한 일을 도모하면 결국 이루어진다.'라는 것입니다. 오래 못 갈 수도 있고, 영향력이 미미할 수는 있지만, 모두에게 좋은 선한 일은 역경이 있어도 이루어지기 마련이고, 그 의미를 모두 가늠할 수는 없지만, 각자의 삶에 좋은 기억으로 새겨질 것입니다. 그래서 저는 지금도 '모두에게 좋은 일'을 찾아 헤매고 있습니다. 그런데, 기본적으로 사회복지는 '모두에게 좋은 일'입니다. 결국 아버지가 제게 준 가장 큰 선물은 사회복지 분야로 발을 내딛게 해 주신 일입니다. 죄가 많은 인생이지만, 그럼에도 계속해서 이 길을 가겠습니다. 아버지의 우산 밑에서, 아버지의 여정을 따라….

3. 씨을농장, 평화의마을, 풀무농업고등기술학교

권지훈(권총의 맏아들 총알, 사회적협동조합 마을과복지연구소 씨오쟁이)

 아버지가 남기신 것이 있다. 아버지는 벗들과 동지들에게 다양한 인연과 사연을 남기셨는데, 우리 가족에게도 남기신 것이 있다. 아버지는 대전에서 가장 가난한 동네, 대동 달동네에서 가난한 이웃과 가족들의 판잣집 수백 채를 수리하고 새집을 지으셨지만, 당신은 집 한 채 없이 사셨다. 대동 달동네의 자투리 땅, 문경의 샨티학교와 제주 강정마을의 텃밭을 끊임없이 일구고 씨를 뿌리셨지만 정작 아버지는 땅 한 평 없었다. 살아생전 땅 한 평도, 가족이 함께 모여 살 집 한 채도 가져 보신 적이 없었으니 물려줄 것이 없는 게 당연할 테지만 아버지에 대한 기억은 유산으로 남겨 주셨다. 아들로서 나는 단 한 번도 아버지에게 거친 욕을 들은 적이 없다. 단 한 번도 아버지에게 맞아 본 적이 없다 세상의 아들 중, 나만큼 존중받은 아들은 없을 것이다. 내 딴엔 좋은 세상 만들어 보겠다며 백 번이 넘는 도전과 시도를 했고 백 번을 실패했으며, 이런 무모함으로 많은 빚을 지기도 했다. 아버지는 이런 나를 지켜보며 언젠가 기어이 한마디 하셨더랬다. '지훈아, 제발 돈 되는 일 좀 해라.'라고. 그런데 사실 우리 할아버지도 생전에 자주 말씀하셨단다. '술용아, 제발 돈 되는 일 좀 해라.'라고.

아버지가 내게 남겨 주신 유산이 무엇인지를 말해야겠다. 첫 번째 유산은 씨올농장이다. 나는 1969년 8월 한여름에 충남 천안의 씨올농장에서 함석헌 선생님과 아버지의 벗들과 동지들의 축복 속에서 첫아이로 태어났다. 씨올농장에서는 가운데에 마루가 있고 어두운 부엌이 딸린 집에서 살았는데 어느 날 아버지가 흙벽돌을 만드는 것을 지켜보던 어린 나에게 우리 식구가 살 집을 짓는 거라고 말씀하시던 일이 기억난다. 농장의 새장 속에 넣어 키우던 수백 마리의 불쌍한 새들을 떼를 써서 방 안에 풀어놓았다가 전부 날려 보낸 일도 있었다. 어린애지만 뭔가 큰 사고를 쳤다는 건 스스로 알고 겁을 냈는데 아무런 말도 화도 내지 않으신 일이 기억난다. 씨올농장에서 함께 사시거나 찾아오시는 분들이 권술용의 아들인 나를 엄청나게 귀여워해 주셨다는 것을 기억한다. 그때는 그분이 누구였는지 왜 오셨는지도 몰랐지만, 함석헌 선생님이 농장에 오실 때는 구름처럼 많은 사람이 모였던 것도 기억한다. 이른 새벽부터 함께 모여 기도하고 찬송하며, 함께 땀 흘려 노동하고 싸우며, 힘든 일과에도 책을 놓지 않으셨던 당시의 씨올농장 청년들, 우리의 아버지들을 기억한다. 비록 내가 원해서 씨올농장에서 태어나고 자란 것은 아니지만 씨올정신의 요람이자 공동체 실천의 장이었던 씨올농장에서 함께 하신 현재의 어르신과 선생님들의 치열한 삶을 보고 들은 것이 내 성장의 뿌리고 바탕이 되었다. 그리고 이를 따라 살 수 있도록 씨올농장에서 낳아 주신 것이 아버지가 내게 남겨 주신 첫 번째 유산이다.

두 번째 유산은 평화의마을이다. 1986년 겨울부터 지금의 평화의마을 아동복지센터, 가난한 고아원인 대전애육원에서 살았다. 엄마와 아버지는 강원도 강릉에서 하시던 사업을 말아먹고 상계동에서 호떡 장사를 하시다가 송용등 선생님, 문대골 목사님 등 아버지의 벗들과 동지들의 도움을 받아 대전의 망해 가는 고아원에서 새 인생을 시작하셨다. 그 시절이야말로 아버지의 진수를 모두 보여 주신 때로 기억한다. 당시 풀무학교에 다니던 나는 방학 때 집에 와 있을 때면 밤마다 리어카로 연탄재와 쓰레기 치우는 일을 했다. 실외 화장실의 똥과 오줌, 똥 종이를 치우는 일을 했다. 아버지는 고아원에서 공짜로 먹고사는 거니 그만큼 밥값을 하라고 하셨다. 한편으로 나는 고아원의 맏형으로 모범을 보이느라 아버지와 엄마 몰래 깬집(가정집)이나 동네 구멍가게에서 먹을거리를 슬쩍해 오거나, 고물상에 팔 거리를 함께 구하러 다니거나, 맞고 온 동생들의 보복을 하려 앞장서야 했다. 일찌감치 고아원을 도망 나가 인근의 낫소 하청 볼 공장, 동시 상영 영화관이나 술집에서 일하는 또래들, 형들과 매일 어울려 놀았다. 철이 들며 당시 평화의마을 자원활동가 모임 타래박에 합류하며 다른 고아원에서는 생각도 못 했고 할 수도 없었던 평화의마을 소식지, 조국기행, 퇴소생 그룹홈, 미취학 아동 놀이방, 해체 가족 아동 가정 복귀 프로그램 등등 온갖 프로그램의 기획자와 진행자, 조력자가 되어야 했다. 그 당시 아버지는 어디를 가시든지 평화의마을 회보를 수십 장씩 가지고 다니셨다. 만나는 모든 분에게 나눠 주셨는데 과속이나 신호 위반으로 딱지를 떼는 와중에도 교통경찰에게 평화의마을 회보를 쥐어 주셨다. 당시 이러는 아버지를 지켜볼 때는 민망했지만 그것이 평화의마을을 알리기 위한 필사적인 마음과 행동이었음을 잘 알고 있다. 여하튼 우리 삼 남매는 청소년기를 평화의마을에서 살아온 덕분에, 평화의마을이 먹여 주고 재워 주고 키워 준 그 은혜로 모두 사회복지사가 될 수 있었다. 더욱 고마운 건 우리 남매에게는 평화의마을에서 일할 기회가 주어지지 않았다는 것이다. 덕분에 우리 남매는 독립사회복지사로, 대학의 교수로, 장애인복지활동가로 각자가 있어야 할 곳에서 할 일을 하게 되었다. 내가 원해서 고아원에서 살게 된 것은 아니지만 백여 명의 식구들이 함께 살며 늘 가난하고 소란했던 고아원, 평화의마을에서 배려하고 양보하며 함께 사는 공동체가 무엇인지를, 행동하는 사회복지를 어떻게 실천할지를 배우며 성장할 수 있었다. 이것이 아버지가 내게 남겨 주신 두 번째 유산이다.

세 번째 유산은 풀무농업고등기술학교다. 내 나이 열여섯, 이 또한 원치 않았지만 1986년 5월부터 풀무농업고등기술학교를 다니게 되었다. 가족과 떨어져 충남 홍성군 홍동면 시골의 조용하고 조그만 학교에 다닌 지 얼마 지나지 않아 주변에선 우리 학교를 똥통 학교라고 부른다는 것을 알게 되었다. 나중에 몇몇 자리에서 풀무학교를 창업(졸업)했다고 하면 최고의 엘리트 학교를 나왔다는 말을 자주 들었는데 사실 풀무학교는 평민을 키우는 학교였다. 지금은 작은 학교, 대안학교로 유명하고 입학 경쟁률도 치열하다지만 내가 다니던 당시의 풀무학교는 고등학교에 갈 형편이 되지 않는 가난한 집 아이들, 홍동중학교에서 공부를 못해 홍성군에 있는 고등학교에 갈 수 없는 아이들과 다른 고등학교에서 퇴학당해 갈 곳이 없는 아이들이 오는 곳이었다. 그런데 풀무학교에서 늘 듣던 말이 '공부만 하면 도깨비, 일만 하면 소'라는 말이었다. 친구들과 선생님들과 함께 일하며 함께 공부했다. 홍순명 선생님은 늘 우리가 배우고 따라야 할 사람과 책을, 우리가 잊지 말아야 할 역사와 문화를, 우리가 마을 곳곳에서 관계, 생활, 직업으로 해야 할 일을 알려 주셨다. 정승관 선생님은 가난한 나의 등록금과 기숙사비를 대신 내주기도 하셨다. 풀무학교소비자생활협동조합의 조합원으로 협동조합을 경험했다. 성서 모임 등 여러 개의 클럽을 만들어 활동하였고, 공동번역 성서를 일독하고 삼백 권의 책을 읽었다. 계절마다 농사짓는 마을 곳곳을 찾아다니며 함께 땀을 흘렸다. 일상적으로 주민과 이웃이 함께하는 생산자 공동체인 협동조합, 생명을 살리는 대체 에너지와 유기농업을 만나게 되고 알게 되었다. 학교가 지역이고, 지역이 학교라는 것을. 기숙사 생활을 하며 공동체 생활을 지속하고 튼튼하게 하는 법을 배웠다. 풀무학교는 창업(졸업)할 때 창업논문을 쓰는 것이 전통이다. 협동조합에 관한 논문을 쓴 이는 지역에서 협동조합 운동을, 지역 언론에 관한 논문을 쓴 이는 지역 언론 운동을 한다. 홍순명 선생님이 번역하신 오리농법 책을 전달받은 주형로 언니(풀무학교에서는 남녀 선배 모두 언니라고 불렀다)는 홍동면 160만 평의 논 전부를 오리와 함께 농사짓는 생명농업단지로 만드셨고 농촌 마을의 백년 계획을 세우고 실천하고 있다. 나는 당시에 소모임 조직화와 활동에 관한 논문을 썼는데 그 때문일까!? 나는 지금 마을과 주민공동체를 조직하는 일, (사회적)협동조합, 마을기업, 사회적 기업의 창업과 운영을 돕는 일을 하고 있다. 불러 주거나 불러 주지 않더라도 전국의 마을 곳곳을 찾아다니며 마을에 필요한 일과 주민에게 옳은 일을 거들고 있다. 풀무학교는 내가 할 일을, 나의 미래를 그릴 수 있게 해 줬다. 나를 (억지로) 풀무농업고등기술학교로 보내신 것, 이것이 아버지가 내게 남기신 세 번째 유산이다.

씨올농장에서 태어나고 자란 은혜로 분단된 이 나라와 균열한 사회에서 누구와 어떻게 살아가야 할지를 배웠다. 평화의마을에서 청소년기를 보낸 은혜로 백여 명의 형제와 가족을 얻었고 어떻게 나와 다른 사람을 인정하고 존중하며 함께 살지를 배웠다. 풀무학교를 다닌 은혜로 마을에서 주민으로 살며 독립사회복지사로, 주민조직가로, 공동체경제의 활동가로 어떻게 옳은 일과 필요한 일을 하며 살지를 배웠다. 아버지가 떠나신 뒤 남은 우리 가족, 엄마와 우리 삼남매 역시 주머니 속엔 돈이 없고, 집도 땅도 가진 게 없다. 하지만 앞으로 우리가 어떻게 살지를 아버지와 땀과 눈물을 흘렸고, 아버지를 늙은전사로 기억하는 모든 분이 끝까지 지켜보실 것을 안다. 나는 낮은 곳에서 가난한 사람들과 살 것이다. 이웃과 마을을 사랑하며 지키고 살 것이다. 이웃과 협동하고 선한 사람들과 연대하며 일할 것이다. 아버지가 내게 남겨 주신 가난한 유산을 지키며 나누고, 늙은전사, 권술용의 이름에 부끄럽지 않게 살 것이다.

4. 사랑하는 가족들에게(옥중 편지)[4]

권술용

여보!

당신께 문자만 보내고 이렇게 떠나와 정말 죄송해요.

당신과 반세기 가까이 함께 살면서 힘들게 한 것이 너무도 많아 죄송하고 가슴 아프오. 용서를 비오.

가정의 달, 어린이날, 어버이날을 맞으며 더욱 미안하오.

그러나 곧 당신과 가족과 이별해야 할 나이이고 보니 섭섭하지만 이별 연습이라고 여기면 좋겠소.

나는 당신과 가족들과.

당신과 가족들은 남편과 아버지와.

잠시의 이별 연습이라 여기고 내면에 근사한 가정의 날을 가지는 것으로 기대하면 좋겠지요.

---

4) 출처: 다음 카페 '늙은전사의 노래'

나는 건강하게 아주 잘 있어요.

계속되는 강정에 대한 부채감이 사라지면서 해방감과 평화가 찾아와 얼굴은 미소로, 가슴은 강 같은 평화가 가득해요.

저 마음 깊은 곳에서 헤아릴 수 없는 평화가 솟아올라와요.

내가 왜 이 좋은 기회를 놓칠 수 있겠어요.

탁월한 선택과 순발력으로 제 발로 찾아온 것이지요.

여기까지 오기까지 많은 망설임(당신에게, 가족에게, 샨티학교에, 구럼비에)이 있었지만 고르디아스의 매듭같이 선택을 하고 나니 스스로에게 감사해요.

어떤 경우, 어떤 상황에서 어느 쪽으로 선택하고 결행해도 하느님이 보우하사 다 잘되게 되는 것임을 여러 번 경험해요.

당신도 남편으로 인해 많은 어려움을 수없이 겪어내면서도 중심을 잃지 않고 늘 의연하였지요. 이번에도 그렇게 여겨 주리라 믿어요.

함께 반세기를 살면서 우린 너무나 여러 가지로 다름을 알았지요.

 생각의 다름, 생활 습관의 다름이 신기하게도 다르고 달라요.

 이곳에서의 생활에도 나이가 말해 주는 둔함이 따르곤 해요. 함께 있는 이들이 많이 이해해 주고 도와줘 불편함 없이 지내요.

 이제 당신을 다시 만나면 당신이 불편하고 힘들어하는, 좋지 않은 습관들이 고쳐졌으면 해요.

 당신께 집 하나 없이 살아온 무식함이 너무나 미안해요.

 그러나 이만큼이 우리의 복이고 노부부가 병원 신세 없이 자식들에게 부담 없이 살게 된 것 크게 감사하고 감사해요.

 여보, 당신이 건강해 주기를!
 지훈, 혜정, 요한, 예림, 예준이.
 지성, 희선, 시온, 시윤, 나윤이.

지명, 영만, 대영, 다원이 모두가
건강하기를 빌고 또 빌어요.
하늘의 은총이 가득하기를 빌어요.

                        2014. 5. 2. 제주교도소에서
                              남편, 아버지, 할아버지가.

5. 앎과 같이 노니는 삶[5]

권술용

"나는 암덩이로소이다…."

그러나 지금까지 젠체하고 어쭙잖은 도사연(道士然)하고 갖은 돌팔이 짓의 왕초였소이다. 어느 날 바람같이 내 앞에 다가온 검은 그림자 같은 설암….

자연치유, 험난한 여정을 함께 노니며 가고자 내 스스로 건강하고 바른 삶같이 남에게 도움 되는 길이 따로 없구나!

혀의 절반을 잘라 내야 한다는 세브란스의 진단. 수술 대신 자연치유를 결단하고 맹렬히 이행 중….

며칠간의 잠시 흔들림 이내 접고 의외로 마음은 고요, 평화로운 평정심으로 돌아가고, 지난날 주마등처럼 흘러간 나날들 되돌아보며 부끄러워도 하며….

많이도 걷고, 맨발 걷기, 풍욕, 건포마찰, 체조, 아령, 엎드려뻗쳐, 발목 펌프, 부분 단식, 녹즙 생식, 자연치유

---

5) 출처: 다음 카페 '늙은전사의 노래'

약 복용, 묵상, 찬송, 독서, 자주 미소, 고마운 문자, 이메일 주고받기, 글쓰기, 충만한 기쁨을 위해 노력하기, 체온 1도 높이기, 목도리, 장갑, 양말, 모자 두툼히….

무료함이 아니라 하루가 살같이, 빛같이 지나가네.
산티학교 4기 보석 같은 10명의 졸업식(12/17)과 4년여 초고령 교장 퇴임 인사로 짐 벗고, 25년차 새해 단식(12/31~1/5) 후 신촌 서울 퀘이커 집에서 칩거하며 맹렬한 자연치유 중.
'무실역행 충의용감!' 이때 써먹으려고 갈고닦지 않았겠나.

암 선고를 받으면 말이지이….
스스로가 그리고 주변인이 인생이 끝난 것처럼 대한대요. 죽음처럼 적막강산 스스로가, 남이, 안팎으로 장벽을 친대요.
가엾어서, 불편해할까 봐, 민망하고 민망해서, 힘들어할까 봐….
그래서야 되남!

77세. 이만큼 장수를 누리고 잘도 살다 가는데…. 더 살겠다고 연연 말고 이만큼서 끝내도 여한이 없고, 은총에 감사 눈물 펑펑 쏟아 내야 하는 나인데, 스스로 임종 선언하고 김복관 사부님같이 곡기를 끊어야 할 나인데. 구부러진 모습이 득시글거리는 초고령화 세상에 나 한 명 기꺼이 빠져 줘야 할 텐데, 뭘 더 연장하겠다고 추한 모습 안 보이게 하소서.

새해 단식 때마다 인용하는 탐욕의 시대에 서릿발같이 던지는 '금강저', 『성서조선지』에 실린 김교신 선생의 「제야의 기도문」 한 구절….

"주여 지난 한 해 제 기도를 잘 들어주셔서 감사합니다. 그리고 더 많은 기도를 들어주지 않으셔서 더욱 감사합니다!"

무능하게 살다 보니 청빈으로 사는 꼴. 그러면서도 가진 것 너무 많은 풍요로움,

하나님의 크신 품 안에 온전히 안겨 사는 생활, 영혼, 정신 높이기….

2017. 1. 11. 생애 마지막 글.

6. 그 사람을 가졌는가

권지명(고명딸, 사회복지사)

아빠가 돌아가신 5월 4일은 황금연휴의 시작이었다. 우리 가족은 부고 문자를 보내야 할지 말지 망설였다. 그러다 남편이 페이스북에 올린 부고 소식이 순식간에 공유되면서 조문객의 발걸음이 시작되었다.

빈소에 가장 먼저 찾아온 사람은 강정마을 김동원 활동가였다. 우리 가족과는 일면식이 없던 그는 페이스북 글을 보자마자 달려와 영정 앞에 정성스런 절을 하고 소리 없이 한참을 울고는 3일장 내내 아빠 곁을 지켰다. 제주에서 오시는 분들의 발걸음도 계속 이어졌다. 강정마을에는 아빠의 빈소가 따로 차려지기도 했다.

그리고 샨티학교 아이들. 아빠는 교사 자격도 없이 맡게 된 샨티학교 교장직을 항상 부담스러워하셨고,

아이들에게 늘 미안해하셨는데 샨티 아이들은 아빠 투병 중에 집에 찾아와 동영상을 찍어 가서는 졸업생들과 함께 공유하며 아빠를 응원했고, 모두들 부모님과 함께 빈소를 찾았다. 수많은 근조 화환을 둘러보다 샨티학교의 화환 앞에서 주저앉아 울었던 기억이 난다.

'샨티학교의 영원한 교장 선생님, 권술용 할아버지 고맙습니다.'

하늘동네 대동복지관 직원들과 복지관을 거쳐 간 분들도 오셨다. 늘 대책 없는 아빠가 일을 저지르고 나면, 김현채 관장님과 직원분들이 아름답게 마무리 지으셨던 걸 잘 안다. 매년 퇴직금을 정산하느라 퇴직금 없이 떠나시는 아빠에게 돈을 모아 1,000만 원이라는 거금을 마련해 주기도 했고, 이미 퇴직하신 아빠의 칠순 잔치도 복지관에서 열어 주셨다. 뒤늦게 알고 보니 몇몇 분들은 매월 활동비도 보내 주고 계셨다(어쩐지 아빠는 돈 걱정을 안 하셨다).

평화의마을 퇴소생들은 약속이라도 한 듯 한날한시에 다 모였다. 그렇게 많이 모인 것은 십여 년 만에 처음이었던 것 같다. 아빠와의 겹치는 추억이 많은 그들을 맞이하며 나는 많이도 울었다.

수많은 조문 행렬이 이어졌다. 아빠의 마지막 길을 정말 많은 분들이 함께해 주셨다. 자식 손님보다 아빠 손님이 더 많은 장례식이었고 시민사회장으로 치러져 다 함께 모여 추모하는 시간을 별도로 가질 수 있었다. 참으로 감사한 시간이었다.

아빠는 사람 모으는 일을 잘하셨다. 평화의마을 시절부터 아빠가 주최하는 행사는 늘 인원 초과로 조기 마감 되었다. 신기했다. 어떻게 홍보하셨을까 생각해 보니, 90년대는 평화의마을 소식지가 전부였을 것이다. 2001년쯤 아빠에게 이메일을 만들어 드렸고, 2002년 다음 카페를 개설하셨는데 아빠는 거의 전투적으로 만나는 사람마다 명함을 받아 메일 주소를 모으시고 카페에 가입하라고 강권하셨다. 급기야 2011년쯤부터는 오즈메일러로 매주 5,000명에게 이메일 테러를 하기도 하셨다. 그리고 카톡도 배우고, 페이스북도 배워 끊임없이 사람들과 소통하며 인연을 만들어 오셨다.

그런데 아빠가 일생 동안 만들어 오신 그 소중한 인연들을 아빠를 보내면서 함께 떠나보내 버렸다. 장례식장에서 추모 문집을 발간하자는 의견이 있어 몇몇 분께 원고를 받아 놓았지만, 실행에 옮기지 못했다. 1주기 추모 모임 때는 50여 분만 모셨다. 더 이상 사람들에게 부담 주지 않으려는 것. 우리 가족은 그것이 예의라고 생각했다. 살아오면서 너무나 많은 사랑을 받으셨고 마지막 길, 수많은 사람들에게 받은 것만으로도 갚을 길이 없었기에 더 이상 부담스러운 자리를 마련해서는 안 된다고 생각했다. 그 후로 매년 가족끼리 조용히 추모 모임을 가졌다. 코로나로 인해 더더욱 사람을 모이게 하는 것은 안 될 일이었다.

2022년 1년간, 내 책을 내기 위해 글을 썼다. 글을 쓰며 아빠를 추억하다 보니 문득 깨닫게 된 것이 있다. 아빠는 평생 '공동체'를 만들어 오셨고, 공동체의 힘을 보여 주셨다. 그리고 우리에게 소중한 유산, 사람들을 남겨 주셨다. 그런데 그 소중한 유산을 방치해 버린 것이다. 그것은 아빠에 대한 도리가 아닌 것이었다.

그리고 작년 겨울, 가족여행으로 떠난 제주도에서 송강호 박사님과 박용성 신부님을 만났다. 강정마을 활동을 함께했던 두 분의 설득에 못 이겨 이번 추모집을 발간하기로 했다. 이제 와서 어느 누가 원고를 써 줄지 의문이었지만, 많은 분들의 글이 당도했다. 그 글들을 모으니 한 권의 책이 되었다.

보내 주시는 글을 접할 때마다 계속 머릿속을 맴도는 것은 함석헌 선생님의 시 「그 사람을 가졌는가」였다. 이전에는 이 시를 읽을 때, 과연 세상에 '그(런) 사람'이 어디 있겠는가 하며 비현실적인 글이라고 생각했었다. 그런데 한 분 한 분 보내 주신 글을 읽으며 아빠 곁에 이렇게 많은 '그 사람'이 계셨음을, 대책 없는 사고뭉치 권술용, 우리 아버지는 진정 '그 사람'을 많이도 가졌던 부요한 인생이었음을 다시금 알게 되었다. 그리하여, 내게 있어 이 추모 문집은 아빠를 위한 책이 아니라, 아빠에게 '그 사람'이 되어 주신 분들을 기억하기 위한 책이 되었다.

이 책을 통해 이제라도 인사를 건네고 싶다.

"아빠의 '그 사람'이 되어 주셔서 감사합니다. 고마운 당신들을 늘 기억하며 살아가겠습니다."

그리고…
여전히 내 삶 속에 살아 계시고, 이렇게 많은 사람들 속에 머물러 계신 우리 아빠. 사랑합니다.

권술용 할아버지 발자취

'권총' → '늙은 전사' → '청년 전사' → '소년 전사'
→ '어린 전사'로 진화하여 하늘나라에서 노니는 중

- 1940년 10월 17일(음), 강원 삼척 정라항에서 어부의 둘째 아들로 태어남
- 부친이 일본 북해도 탄광에 징용되어 해방된 다음 달 생환해 오기까지 어머니의 고초
- 목선의 선주였던 부친이 오징어잡이 나가 태풍으로 여러 날 표류, 지나는 철선에 2명만 구조되어 돌아와 선원들 보상해 주느라 집 팔고 이후 온 가족이 동해안 일대를 전전
- 정라초등 8회 졸업, 삼척중 1학년 때 전학하여 현남중 2회 졸업
- 중1 후반 인구감리교회(현 현남중앙감리교회) 출석, 기독신앙 입문
- 18세에 평생의 스승 씨올 한석헌, 야송 김복관 옹을 만남, 천안 씨올농장에서 공동체 생활

- 강원도 평창군 미탄면 해발 1,300m 고지에서 화전민 생활, 부모님의 만류로 철수
- 19세 가을, 대진항 외진 밭 1,300평을 빌려 초가삼간 흙벽돌집(이름하여 "무진산방無盡山房")을 짓고, 대진항의 똥이란 똥은 혼자 지게로 져다가 고구마, 보리, 배추 농사
- 1961년 3월 초, 김종태 선생 등 청년 4명과 고성군 간성면 진부령 깊은 오지 화전민 터 "안반덕"을 발견, 움막 세우고 개간 착수
- 화전밭 자리에 불을 피워 놓고 개간을 위해 괭이질을 하는 찰나, 갑자기 불어온 회리바람(돌개바람)에 마른 새초에 불이 옮겨붙어 걷잡을 새 없이 온 산이 불바다로…
- 절체절명의 위기 속에서 "자수해야지! 자수를!" 하며 의논하다가 결국 외로운 결단! "내가 하지요!"
- 자수하고 5.16 군사 쿠데타 3일 전에 구속, 고성 경찰서를 거쳐 강릉 구치소로 이동…
- 5.16 각종 사범이 2.5평 감방에 최대 25명이나 칼잠을 자며 두 달 가까이 모진 고통

- 소식 받고 달려오신 함석헌 스승, 씨올 강좌 듣던 판사 부인의 진정, 발뒤꿈치가 까질 정도로 현장 검증까지 한 판사의 후의
- 이른 봄에 지나간 150여만 편의 어마어마한 산불 자리는 새순이 나온 이른 여름엔 산불 흔적이 사라졌고 기소장의 그 숲은 그대로 멀쩡했으니, 처음 취조한 산림 간수는 '억울하게도' "아까운 젊은이의 장래를 망칠 뻔한 나쁜 사람"으로 되레 호되게 질책을 받았고, 수감일수를 상계한 벌금형으로 자유의 몸
- 1964년 5월, 육군 만기 제대 후 마을에서 떨어진 곳의 밭을 빌려 또 흙벽돌로 향우야학(鄕友夜學)을 세움. 대진 중·고교가 서기 전 여러 해를 서정웅 목사, 강광신 등 청년들과 무보수로, 자비량으로 중학교 진학 못 하는 아이들을 가르침
- 1965년, 다시 안반덕 씨올농장에서 공동체 생활하며 송용등, 문대골 등 평생 친구를 만남
- 1967년, 천안 씨올농장에서 공동체 생활 하며 김복관 옹의 여동생 긴안나(말슈)와 결혼. 2남 1녀 지훈, 지성, 지명 출생

- 1975년, 서울 남산 아래 판자촌에 살던 중 친구 송용등이 귀국하여 십여 년 만에 만남
- 1976년, 친구 송용등이 전 재산을 털어 준 사업 밑천으로 수원에서 토끼가죽 가공업 시작. 1년 만에 망함
- 1978년, 친구 송용등, 지덕호의 도움으로 강릉에서 닭 도매업, 양계업 하다가 또 망함
- 1985년, 안산에서 천막집에 살며 닭 장사, 벌이는 신통치 않음
- 1985년, 친구 문대골 목사 덕에 서울 방학동에서 가나안 꿀호떡 행상, 크고 맛좋은 호떡, 거스름돈 손님 자율로 인기였으나 수입은 신통치 않음
- 1987년, 평생의 친구 송용등, 문대골 등 씨올 동지들의 도움으로 대전애육원(현 평화의마을) 총무로 일하게 됨
- 1987년, 사회복지계(아동복지시설) 최초의 소식지인 평화의마을 회보 발행
- 1989년, 평화의마을 청소년 모험조국기행 시작
- 1990년, 삼성복지재단 '해체가정 아동의 가족관계

강화 프로그램' 선정, 평마강좌, 아동그룹홈, 퇴소생 그룹홈 시작
- 1991년, 평화의마을 소록도 봉사단, 생명평화 영성공동단식(매년, 새해맞이, 여름맞이) 시작
- 1996년, 평화의마을 소식지 글들을 모아서 『우리 집 식구는 96명』 책자 30,000부 발행
- 1997년, 사회복지법인 평화의마을 대동종합사회복지관 관장 취임
- 2000년, 대전지역노숙자대책위장, 지역통화운동 〈한밭레츠〉 대표
- 2003년, 대전중구자활후견기관 관장
- 2004년, 사)함석헌기념사업회 이사, 무위당장일순선생 기념사업회(좁쌀 만인계) 공동대표, 대전홈리스지원센터 소장, 사)대전실업극복시민연대 〈일어서는 사람들〉 회장, 대전충남녹색연합 운영위원, 대전의제21 운영위원, 대전성서유니언(SU) 운영위원 등
- 2006년, 생명평화결사 순례, 생명평화결사 평생교사, 우리쌀지키기 100인 100일 걷기 운동
- 2008년 12월, 대동복지관장 조기 퇴임 후 전국

순례 시작
- 2009년, 세계생태공동체순례단 대표로 인도, 네팔, 쿠바, 바이칼. 동유럽, 동남아 등 인솔
- 〈지구촌 인디고 청소년 여행학교〉 설립, 총 32팀, 600여 명 인솔
- 국제NGO 생명누리 공동대표, 사) 샨티교육공동체 대표, 샨티학교 임시 교장
- 2010년, 생명평화결사 제주 100일 순례단장, '100년 순례', 100일 생명-평화순례단장, 제주 강정 활동 3년. 대법원 유죄 3건, 3주간 제주교도소 노역형, 3차례 대법원 유죄 판결. 강정 34억 배상급 전범단
- 2016년 11월, 설암 발병
- 2016년 12월, 샨티학교 교장 퇴임
- 2017년 5월 4일, 소천

에필로그

1

김혜정(맏며느리)

  즉흥적이고 자유로운 스타일의 아버님은 어느 날 갑자기(?) 저희 집에 들르곤 하셨습니다. 신혼 초 음식 솜씨가 서툴렀는데, 제가 끓여 드린 떡국이 입에 맞으셨는지 그렇게 들르실 때면 계절과 상관없이 떡국을 찾으셨습니다. "잘 먹었다." 말씀해 주시던 아버님이 그립습니다.

  아버님은 표현이 서툴고 다소 무뚝뚝하셨지만, 마음이 정말 따듯한 분이셨습니다.

  '어미가 일하랴 아이들 키우랴 고생이 많다.' 하며 어쩌다 뵐 때면 늘 걱정 어린 말씀을 해 주셨습니다. 워킹 맘으로 고군분투하던 제게 아버님의 한마디는 큰 위로와 위안이 되었습니다.

  삼 남매 중에서 아버님과 함께한 시간이 가장 짧지만…. 문득문득 아버님이 많이 그립고, 보고플 때가 있습니다. 저보다 더 오래, 더 깊이 아버님과 교류했던 분들의 이야기 속에서 아버님을 만날 기회가 되길 기대합니다.

2

방희선(작은며느리)

남편과 연애할 때 서울과 대전으로 떨어져 지냈던 기간이 있었습니다. 당장 서울로 달려가 만나고 싶지만 그럴 수 없을 때 평화의마을 옆 책방 주인장이신 누님을 찾아가 남편 이야기를 한참 나누다 오곤 했습니다.

이 회고록을 통해 글을 써 주신 분들의 기억 속에 계시는 제가 몰랐던 아버님을 만날 수 있어 너무 소중하고 감사합니다. 제가 기억하는 아버님은 많은 사람을 만나고 여러 일을 하시며 억지로 하시지 않고 아버님 마음 내키는 대로 좋아서 하셨던 아이같이 순수한 분이셨습니다. 돌아보니 그렇게 좋아서 하셨던 모든 일들이 의미 있고 소중한 것이었기에 아버님을 더욱 존경하게 됩니다.

그 시절 책방 누님과의 대화처럼 저희 아이들과 회고록 속 아버님을 자주 뵈어야겠습니다.

3

정영만(사위)

 2007년 새해 구정, 가족들과 함께 즐거움을 나눠야 할 그 명절날. 예정에도 없던 사윗감이라며, 자기 몸 하나 추스르지 못한 채 긴 계단을 업혀서 들어오는 저를 보던 아버님의 표정이 아직도 생생합니다. 불청객처럼 나타난 저로 인해 모인 사람 모두 애써 밝은 분위기를 유지하려 했던 그날이 떠오릅니다. 사실, 사랑을 쟁취하겠다는 담대한 마음으로 찾아뵈었지만, 막상 아버님 앞에 서니 한없이 작아지는 건 어쩔 수 없었습니다.

 이후 연락을 피하신다며 아내는 속상해했지만 저는 아버님의 마음을 충분히 이해할 수 있었습니다. 기약 없는 기다림 속에서 원망보다는 그저 은혜를 구하는 마음으로 기도할 수밖에 없었습니다. 수많은 갈등 끝에 결단을 내리시고, "수행자의 마음으로 살아갈 힘이 네게 있느냐?"라는 질문을 던지셨던 아버님의 그 말씀이, 이제야 이해가 됩니다.

결혼 7년 만에 이혼하려고 했던 딸과 사위를 보며 속 끓는 마음에 한탄하시던 아버님. 문경 샨티학교로 가시기 전 터미널에서 만난 자리에서 "죄송합니다, 아버님. 제가 부족했습니다." 말씀드리니 눈물을 보이시며, "수행자의 마음으로 사는 게 어디 쉽겠는가? 밥이나 먹자." 하시며 근처 식당으로 이끄시던 아버님.

설암으로 고통받으시면서도, "수십 년을 불편한 몸으로 살아온 정서방이 참 대단하다." 남기신 말씀 속에 자신을 낮추며 다져진 인생의 길이 담겨 있음을 느꼈습니다. 아버님은 국토순례, 공동 단식, 제주 강정마을, 샨티학교 등 많은 활동을 하시면서도 항상 자신을 낮추고 비우는 삶을 실천하셨습니다. 개인의 영달보다는 만인을 위해 사신 분, 공동체의 삶 속에서 자신을 비우고 상대를 헤아려 주는 마음. 누구에게나 묻어나야 하는 진리를 갈망하셨던 아버님을 통해 '수행자의 마음'을 배웠습니다. 살아오신 인생으로 보여 주신 아버님께 감사합니다. 아버님의 사위로 남게 해 주셔서 감사합니다.

4

김말순(아내)

2016년 11월 14일. 충남대학교 병원 조직 검사에서 혀 밑에 생긴 염증이 설암임을 확인한 후, 민들레의원 나준석 원장님의 소개로 서울의 대학 병원에 입원을 하려 했지만 집에서 가족과 함께 지내겠다는 주장을 꺾을 수가 없어 그날로 집에 돌아왔다. 많은 분들이 집으로 병문안을 와 주셨고 암에 효과가 있다는 식품들을 선물해 주셨다. 식이요법, 한방치료 등 여러 가지 치료를 했지만 음식을 삼킬 수 없을 정도로 목이 부어 나중에는 호스로 영양식을 공급할 수밖에 없었다.

얼마나 힘들었을까?

자식들에게는 힘들고 고통스러움을 말하면서 왜? 나에게는 잘 참고 있는 모습만 보였는지…. 그래서 나는 주님 품에 안기는 날까지 그 고통을 알지 못했다.

2017년 5월 4일(소천) 오전까지 화장실에 직접 가서 대소변을 보기까지 했다. 소천하기까지 약 6개월의 시간을 마치 신혼부부가 된 듯 남편을 가까이 두고 마지막 가는 길을 지켜볼 수 있었다는 것은 하나님의 은혜였음에 감사를 드린다.

마지막까지 신음 소리도 없이 편안히 눈을 감던 모습과 소천 당일 장례식장 위에 펼쳐진 일곱 색깔 무지개가 나의 상실감과 슬픔을 감사로 바꾸어 주었다.

'7'이라는 숫자는 기독교에서 완전함으로 해석되는데, 일곱 색깔 무지개, 결혼 생활 49년(일곱 해를 일곱 번), 2017년, 77세에 주님 품에 안김, 그리고 소천한 지 7년이 되어 내게는 의미가 더욱 깊다.

나는 항상 남편 권술용의 신앙을 염려했고 나는 완벽한 그리스도인으로 살려고 노력한 것 같은 오만 속에서 살았다. 남편이 떠난 후에야 나는 바리새인이었고 남편이야말로 예수의 친구요 제자였다는 것을 알 수 있었다. 이렇게 남편을 기억해 주시는 분들의 소중한 글들을 만나게 되어 얼마나 기쁜지 모른다. 그의 아내로 살아온 인생이 참 고마운 삶이었다고 생각한다.

"기억해 주심에 마음속 깊이 감사합니다."